知的生きかた文庫

ＨＳＰと発達障害
「空気読みすぎさん」の能力
「空気読まないさん」の能力

高田明和

三笠書房

はじめに　解決のヒントが必ずあります

「自分は発達障害かもしれないけど、ＨＳＰかもしれない」

「発達障害の診断テスト（次ページ以降参照）で、当てはまる部分が少しある」

「一部当てはまるけど、まったく当てはまらない項目もある。どちらにしても、とにかく苦しい……」


本書は、発達障害、あるいは、ＨＳＰ、または、その両方に思い当たる症状があるという方のための本です。


「どうして私は、こんなに人と違っているのだろう」

「どうして私は、こんなに人の言葉をうのみにして振り回されるのだろう」

「どうして私は、人とちゃんと話ができないのだろう、人一倍、いろんなことを感じて考えているのに、コミュ障なんて言われてしまうことが辛い、悔しい」


そう悩む人たちが、「人と違う」ことを嫌う同調圧力の強い社会でもその才能を輝かせ、楽しく心安らかに生きるノウハウをお伝えする本です。

□ 権威ある人、名のある人の言葉やメディアの情報をそのまま信じる。

□ 気分が即体調に影響する。

□ 下着や洋服の匂い、肌触りが気になって仕方がない。

□ 映画やテレビのバイオレンスシーンを目にすると気分が悪くなる。

□ 自分の親は神経質だと感じたことがある。

□ 気が付くと「一人反省会」をしていることがある。

□ 暗示にかかりやすい。

□ 超常現象に遭遇したことがある。

□ 身の回りに不思議なことがよく起きる。

□ あれをして、これをしてと命令されるとパニックに陥る。

□ 大切な場面を控えると緊張して眠れなかったり動悸が激しくなったりする。

□ 悪いことが起きるのではないかと心配になることがある。

□ 人マネが得意で、よく感心される。

□ 嘘や偽善に敏感だと感じる。

□ 天然だねと言われることがある。

□ 実力より低く見られていると感じる。

☑ HSP度（高敏感度）チェック

――困っていると思うものに☑を。その傾向はあっても生活において困っていなければ、☑はつけない。（詳しい解説は、２章へ）

- □ 人の気分に左右されやすい。
- □ 音や色、光に敏感で気分が悪くなることがある。
- □ サプライズは苦手。
- □ 環境の変化に弱い（発達障害は新奇追求型で新しいものが好き）。
- □ 飲み会など楽しいイベントのはずなのに疲れる。
- □ 人の言葉をうのみにして判断を間違ったことがある。
- □ 映画や芝居の登場人物に感情移入しやすい。
- □ ミスや忘れ物が多い。
- □ 友達は少ないほうだ。
- □ 優柔不断で、なかなか決断できない。
- □ 過去を思い出しては後悔する。
- □ 親の顔色を見ながら育ったとの自覚がある。
- □ 人から何か頼まれると断れない。
- □ 自分への悪口を実際に耳にしたことがある。

□ 頭のなかに次々といろんな考えが浮かんできて不安になることがある。
□ タバコやアルコール、あるいは特定のものをどうしても手放せない（依存）。
□ 目新しいものにすぐに飛びつく（新奇追及傾向）。
□ 昼間でも眠くなることがある（睡眠障害）。もしくは、人より長く寝る。
□ 感情の起伏が激しいと言われる。
□ 得意なことと不得意なことの差が激しい。
□ 心配事が頭に浮かぶと、どんどん大きくなり不安や恐怖に陥る。
□ 人と離れたときや仕事帰りの道でいきなり気分が変わることがよくある。
□ ほかの人が考えもつかないことを考えると言われたことがある（創造性）。
□ 学歴、育ちに関係なく自分はダメだと感じることがある（自己肯定感が低い）。
□ ほかの人が気づかない音や細部が気になることがある。
□ 小説や映画のストーリーが、よく理解できないことがある。
□ 電話が苦手で出るのが怖くなることがある。
□ 同じことを何度も繰り返す傾向がある。
□ 仕事の期限が守れないことがある。
□ 職場でコピー取りや掃除などの雑事が苦手で気が利かないと言われる。

☑ 発達障害度チェック

——日常生活で困っていると思うものに☑を。その傾向はあっても生活において困っていなければ、☑はつけない。（詳しい解説は、２章へ）

- □ 人が何を話しているのかわからないことがある。
- □ １つのことに興味を持つと、そのことが頭を離れない。
- □ 一方的に自分のことばかり話すことがよくある。
- □ 自分なりの儀式を持ち、それをやらないと不安になる。
- □ 思ったことをすぐに口に出し後悔したことがある。
- □ 長い時間、待つことができず途中で帰ったり順番を無視したりしたことがある。
- □ 物事を先延ばしにする傾向がある。
- □ 退屈に我慢できない。
- □ 部屋が片付けられず、家人とよく揉《も》める。
- □ 買い物がやめられない。
- □ 料理の段取りが苦手で、作りながら洗うなど、2つのことが同時にできない。
- □ ストレスを感じると身体のどこかを動かさずにはいられない。
- □ 特定の食べ物しか口にしない。偏食が強い。
- □ 皆が笑っていることが面白く思えないことが多い（微妙な感情の欠如）。

CONTENTS

憧れのアメリカにならって文字は書かないことにした
と、脳が言ってます
!?
えー

2章 自分はHSP？ 発達障害？
——チェックして自分をより理解しよう

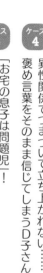

めまぐるしい!!
情報量に
溺れる
感覚に陥る
人
音
声
色

3章

「生きていくのが苦しい」からの脱出
——「困った」がわかれば対処法が見える！

4章 「人と違っている」ことが素晴らしい
──HSPも発達障害も、才能の宝庫！

うまくコミュニケーションがとれないときは

5章

「今の私のまま」でうまく生きる
――その能力を生かす働き方

精神力が足りないのよ

6章

さあ、大空に羽ばたこう！
――HSP・発達障害・うつ・グレーゾーンのためのリラックス法

イラスト／福田玲子
本文DTP／株式会社 Sun Fuerza

1章

一見、似ているHSPと発達障害はどう違う？

——続々増えているその謎に迫る

少数派であるゆえ、誤解されがちなスーパーパワー

現代社会は学校などの子ども社会だけではなく、社会全体に「いじめ」が横行しているように思います。

「少しでも人と違っていることが許せない」

「すぐに相手をバカにする」

「威圧的な威張る人」や「何事も自分の物差しでしか測れない人」で溢れているように見えることがあります。

同時に、そうした威圧的な威張る人たちが発する一方的に決めつけた発言、「これくらいのことでめげてどうする」「もっと強くなれ！」「社会的不適応だ」「あの人は、変わっている」などといった言葉に苦しむ人は増えました。

彼らが威圧的で横柄な人たちの言葉に苦しみ、悩んでいるのは、彼らの精神力が

弱いせいでしょうか？

残念なことに、これまでは、そう見なされてきました。

そして、威圧する側の言葉に、彼らは余計に「自分はダメだ」「人と接するのが苦手だ」という思い込みを強くしていく……。


最近、こうした威圧されてきた側の多くの著名人が、自分は発達障害だとカミングアウトしはじめました。

最も話題になったのは、地球温暖化運動をしているスウェーデンのグレタ・エルンマン・トゥーンベリさんでしょうか。

ただし彼女は、自らの発達障害をネガティブな特徴とは受けとめず、**ポジティブな意味の「スーパーパワー」**と呼んでいます。

そのほか、女優の黒柳徹子さん、経済評論家の勝間和代さん、作家の市川拓司さん、モデルの栗原類さん、漫画家のさかもと未明さん……。

表舞台で活躍している人のなかには、発達障害の傾向を持つ人は大勢います。

おかげでＨＳＰという「超敏感体質」も、ここ最近、知られるようになってきました。ですが、これは病気の名称ではなく、心理学用語のため、医師でさえまだよく知らない人が多くいます。

あらゆる生物の希望の存在――それがあなたかも

ＨＳＰとは「Highly Sensitive Person」の略で、日本語にすると、「人一倍敏感な人」とか「過敏性症候群」と呼ばれる気質です。

アメリカの心理学者エレイン・Ｎ・アーロン博士が提唱しました。

この超敏感なタイプは、どんな社会にも一定の割合、おおよそ15～20％の割合で存在しています。しかも、人類だけではなく犬や猫、なんと昆虫にもある気質であり、生物が生き残るための生存戦略の一環として身に受けた能力です。

ヒトの場合、主な特徴に、次のようなものがあります。

①「光や音」などに敏感に反応する。
②他者の影響を受けやすく、特に責められると身体的な不調に襲われる。
③人ごみが苦手で一人遊びが好き。
④サプライズが苦手で何事にも驚きやすい。

発達障害とＨＳＰには、特に「対人関係が苦手」「光や音に敏感」といった共通した特徴があるゆえ、苦しさのため病院を訪れても、ＨＳＰを知らない医師に発達障害や精神障害と誤診されてしまうことが往々にしてあります。

この苦しさは、どこからくるのか

ＨＳＰと発達障害、どちらのタイプの苦しみにも共通する原因に、「社会的な同調圧力」があります。

「周りの人と同じように考えない、行動しない」ことを、他人から責められ続けた

結果、自分が悪いのだと思い込んでしまい、自分を責めて自信をなくし、自らを追い詰めていることです。

話は少々それますが、**「同調圧力」をかける人、つまり、「自分と同じようにしない、考えない人は許せない」と、パワハラをする側の人も、実は威圧型なタイプの発達障害、「ジャイアン型・発達障害」の影（シャドー）を持っている**ことがあります。

「ジャイアン型・発達障害」とは、藤子・F・不二雄の人気漫画『ドラえもん』の登場人物である、横暴ないじめっ子ジャイアンに因んで名付けられました。

彼らは、なんのためらいもなく、

「相手をバカにする、罵倒する」

「大声で怒鳴ることで、人を思い通りにしようとする」

「常に自分が正しいと、意見や考えが違う人を攻撃する」

「人の些細な間違いを許さない」

といった行動をとります。子どもを導く教師や指導者にも、こういう人はいます。

かつて、あるスポーツチームの指導者が「相手にケガをさせて病院送りにしてもいいから、とにかく勝て！」と指導し、問題になりました。その指導者は、世間に騒がれたからこそ頭を下げましたが、本心では「自分のどこが悪いのかわからない」と、憮然《ぶぜん》としていたように思います。

また、神戸の中学校では教師同士のいじめが事件になりましたが、いじめた側の教師はまったく罪悪感を持っていませんでした。それがまた大きな問題になりました。

「高圧的・威圧的」な人は、「常に自分は正しい」と思っており、ある意味、勇猛果敢に我が道を歩んでいます。社会的なトラブルになったり、過労死やパワハラで訴えられたりすることがない限り、自らの「落ち度」には気づきません。

そして、繊細な人に無理難題を押しつけ、「うつ」に追い込み、それでも「君が弱いからだ！」「どうしてこんなこともできないのか⁉」と怒鳴ります。

このところ、そうしたパワハラが明るみに出るようになり、厳しい社会的制裁を受けるようになってきました。

これまでは一方的に、「弱い側」が、自分の傾向を知り、対処法を学んできましたが、これからの時代は人を傷付けても平気な「威圧的な威張る人」「強い側の人」「権威のある側の人」も、自分の傾向をチェックし、改善したほうがいいでしょう。

才能を生かすためにも、心を痛めないで

人からHSPの個性についてネガティブな指摘や注意をされたために、「自分はダメな人間だ」と自信をなくしていく人が増えています。

あるいは、「どうして相手がこんなに怒っているのかさっぱりわからない」と、相手の意図を読み取れず、その結果、「コミュニケーション力に問題があるのかも」と悩み、うつになっていく人も増えています。

彼らにはよい面がたくさんあるのに、「大声に弱く」「サプライズが苦手」「手順から外れるとパニックになる」「いつもビクビクしている」といった傾向があることから、社会生活を送るうちに自己肯定感が低くなってしまいがちです。

その結果、「自分は弱い、ダメな人間だ」と自信を失っていくことが多いのではないでしょうか。

なにしろ、男女雇用機会均等法で、女性も男性と同じ仕事量を期待される時代です。かつてはなかった社会的プレッシャーがのしかかり、「せっかく一流企業に入ったのに、会社の期待に応えられない」と自信を失い、不安症やうつになっていく女性が増えるのも納得です。社会のあちこちでひずみが起きています。

しかし、周りを注意深く見渡してみてください。

「見事にバランスが取れた大人」は存在するでしょうか?

自信に満ち溢れているように見える人も、実は不安や恐怖に苛まれているのです。

かつて、「みんなビョーキ」という言葉が流行ったことがあります。

価値観の多様化が謳われながらも、「カネ、名誉、学歴」至上主義の現代にあって、気づくか気づかないかは別にして、より一層多くの人が心を病んでいるように思います。

わかってもらうことは難しいのか？

私は若い頃から、うつや不安、恐怖に悩まされてきました。

「ほかの人はなぜ、あんなに幸せそうなんだろう。それに比べて自分はなぜこんなにダメな人間で、苦しいのだろう」と、まさに悶絶《もんぜつ》して生きてきました。

「人の苦しみ」は、同じ経験をした人ではないとわかってあげることはできません。

そして、発達障害や、ＨＳＰから生じる苦しみは、一人ひとり、症状も重さも環境も違うがゆえに「自分だけの苦しみ」であり、残念ながら共有することが難しいのです。


でも今、この本を手に取ったあなたは、少なくとも自分の心が痛みを感じていることに気づいて、どう対処したらいいのか、どのような解決策があるのか模索している……。

それだけでもあなたは先んじており、救われているのではないでしょうか。

「みんなちがって、みんないい」

金子みすずの詩にこういう一節があります。

私が両手を広げても、お空はちっとも飛べないが、
飛べる小鳥は私のように地面を早くは走れない。
私がからだをゆすってもきれいな音は出ないけど、
あのなる鈴は私のようにたくさんの唄は知らないよ。
鈴と、小鳥と、それから私、
みんなちがって、みんないい。

「みんながって、みんないい」

自分には、今の社会的価値観に照らし合わせれば、マイナスに働く部分もあるけれど、プラスの部分も山ほどある。他の人だってそうだ。

自分はそういうかけがえのない、ただ一人の人間なんだ――そう気づいた人は、自分のプラス部分を生かして生きてく方法を見つけられるのです。

崇高な役目を持って生まれてきた人たち

ＨＳＰの人は、自分の近くにいる人の考えを、まるで自分自身が体験しているように感じることがあります。これはＨＳＰの人が持つ鋭い直観の働きによるもので、生まれつき備わっている能力です。

ＨＳＰ＝超敏感な人とは、脳科学の視点から言うと、**「脳がかすかな情報まで拾い集めるために、情報過多になり、心身ともにぐったりして不調をきたす」**人たちです。

生物が生き残るためには、危険を察知する能力が大切です。常に外敵から襲われ、病気をもらう危険にさらされていた古代の人間たちは、その能力が今の人間とはケタ違いに発達していたことでしょう。

文明が発達し、そうした危険からかなり遠ざかった現代でも、かすかな危険の兆候やささいな変化を読み取る能力が発達している人たちがいます。

人間に限らず、他の生物にも一定の割合で、その能力が与えられている個体が存在します。

言ってみれば有毒ガスの発生を察知し、知らせる「炭鉱のカナリア」。

つまり、**ＨＳＰは危険を察知してそれをほかの「鈍感な人たち」に知らせる崇高な役目を持って生まれた一面がある**のです。ただリスク要因が大きく変化した現代社会では、その敏感さが逆に不眠や体調不良を起こしてしまうのです。

ただし平穏時でも、その繊細な能力はうまくやれば素晴らしい武器として活用することが可能です。

たとえば、まだ誰の意識にも昇っていないような、人々の潜在ニーズを敏感に感じ取り、「こんな商品がほしかった！」という斬新な商品を生み出して、新たな市場や時代を切り開くことができます。

また、人の気持ちが理解できる作家やカウンセラー、医師などとして、多くの人の心を潤し、癒やし、心のレベルを引き上げる役目を果たすことも可能です。

人一倍優れたミラーニューロン――症状はうつる？

HSPは、「他人に共感し、影響を受けやすい」反面、自分と他人との精神的な境界線が薄く、共感性が高いため、周囲の人の影響を受けやすい傾向があります。

脳科学の視点から言えば、これは**脳のなかにあるミラーニューロンが人一倍発達しているため**ということになります。

ミラーニューロンとは、「脳の中の鏡」です。

たとえば、赤ちゃんは近くにいる親や教師、友達などの真似をすることで成長、社会性を身に付けていきます。目で見た人の行動を脳の中の鏡に映し、自分もその人と同化することで、技術やノウハウを身に付ける。これがミラーニューロンの働きで、「モノマネ細胞」とか「共感細胞」などとも呼ばれます。

HSPは、この能力が人並み以上に発達しているのです。

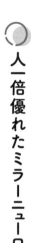

人類はこの能力によって互いにシンクロしあい、生存のための能力を身に付けあうことで発展してきました。

「学ぶ」は「まね（真似）ぶ」から派生した言葉だそうですが、ミラーニューロンが発達し、**真似る能力が高いということは、学習能力が高い**ということ。これは本

来、長所です。

ところが最近は、この他人への共感能力が高いＨＳＰの人たちの間に、ストレスを感じる人が増えています。なぜでしょうか？

他人の態度や話し方といった外面だけではなく、苛立ちや不注意といった他人の感情も、あたかも自分の感情のように受け取り、本来の自分ならしないような行動や態度を取ってしまうからです。

私の娘の場合

私自身にも覚えがあります。私は過去にうつ病で苦しんだ経験がありますが、あることがきっかけでそれがＨＳＰが原因のうつだったと判明し、ほっとしました。長年の苦しみの原因は、身体の感受性センサーが人一倍発達しているという、本来、長所である気質からきているとわかったからです。

生まれつき備わっているセンサーが人一倍敏感で優れているのなら、その使い方さえ知れば、人より優れたことができると信じられるようになったからです。

また私には、子どもの頃から落ち着きがなく、人とうまく付き合えないという、いわゆる多動性、コミュニケーションが苦手という発達障害の傾向もありました。

しかし、それもまた、他人の内面が乗り移ってしまうＨＳＰの気質が、より強く反映したからではないかと、医師である私は、自らの症状を最近になってそう診断するようになりました。


考えてみると、私の娘にも同様な経験がありました。

それは、私が家族を連れてアメリカに留学していたときのこと。

当時、教会では日曜日の午後、発達障害の子どもたちを集めて生活指導をしており、そこで「健常」な子どもと一緒に遊ばせたほうがいいという話が出ました。

そして、健常な幼稚園児の一人として、私の長女を参加させてもらえないかという依頼がきたのです。私は喜んで参加させました。

ところが何カ月かすると、長女が、一緒にいた発達障害の子どもと同じような振る舞いをするようになってきたのです。身体の動きが緩慢になり、新しい言葉を覚えようとしない、文字を書くのも下手になるといったことが次々に起こったのです。

私たち夫婦は驚きましたが、このとき長女は、現地（アメリカ）の子どもたちの行動を真似することで、彼らに溶け込もうとしていたようなのです。

私と妻が憧れ、尊敬していたアメリカという国で、自分たちが一緒に時間を過ごす子どもたちの行動は正しい、「あのようにあるべきだ」と誤解してしまって、次第に発達障害の子どもの行動を真似るようになったのではないか、と推測しています。

友人の子にも変化が起きていた

成長期のミラーニューロンの働きは活発です。この話を友人の大学教授にしたところ、彼も、同様の経験をしたと言います。

彼の長男は「自閉スペクトラム症」と診断され、専門家の支援を受けるようになりました。病院に行く際に、次男である弟も同行させていたところ、それまで普通に話していた弟まで、次第に言葉がスムーズに出ない、落ち着きがないといった、兄と同じような症状を見せるようになったのです。

いったい何が起こったのか？

慌てて医師に相談しましたが、病気と確定するほどではないとのこと。

このケースも、専門家と称する人たちが扱う子ども（友人の長男）の症状は、真似してもよい行動なのだと、弟のほうは思ったから生じたのではないでしょうか。

医学の世界では、ある病気が発見されると、その病気を持つ人が急に増えると言われます。

ミラーニューロンは鏡ですから、今そこにあるものに素直に反応し似た行動をとります。ということは、すぐれたミラーニューロンを持つ人は、周囲に影響されます。だからもし、**その時代に発達障害の傾向を持つ人が増えれば、それに影響され、自分もそうなってしまう人、つまり、発達障害を疑われるような人たちも増えてくるのではないでしょうか。**

医学的には、発達障害とは診断されないけれど、発達障害のような特徴が当てはまると自覚する人たちというのは、こうしたすぐれたミラーニューロンを持つ、HSP気質の人たちではないでしょうか。

グレーゾーンをこういう観点から見てみることは、これからの大きな課題だと思えて仕方ありません。

発達障害の個性や長所は、人によって違う

「東大生の四人に一人が自閉症スペクトラム疑いアリ」（原文ママ）と東大の大学院生がツイートして話題になったこともあります。

自閉スペクトラム症とは、自閉症、アスペルガー症候群（ASD）などの総称です。アスペルガー症候群は、知的能力が人並み以上の自閉症のことです。どれも発達障害の中の1つのタイプです。先のツイートは、主にアスペルガー症候群のことを言っていると思われます。

アスペルガー症候群は、自分の好きな分野はとことん突き詰めるので、研究する仕事に向いており、実際、大学の研究者に多いようです。

彼らは、自分がほかの人と大きく違うところを「個性」「長所」とポジティブに捉えて仕事に生かし、それぞれの分野で輝きを放っているように見えます。

黒柳徹子さんは、自分がどんなに変わった子どもだったかを『窓際のトットちゃん』（1981年刊・講談社）という1冊の本にしました。そしてそれは、発行部数800万部という大ベストセラーになりました。

刊行当時の1980年代は「発達障害」という概念はまだなく、トットちゃんはトモエ学園という自由な環境のなかで、「変わってはいるけど、面白い子」としてすくすく育ち、こちらもまだ自由度の高かったNHKという恵まれた環境で「個性」を伸ばしていったのです。

「発達障害」は、1987年にアメリカの精神医学会が作成した診断マニュアルで初めて登場した医学用語です。

「発達障害」という日本語は誤解される要素があり、特に「障害」という強い訳語には専門家の中にも抵抗を示す人が多くいます。「障害」という日本語はADHD（注意欠陥・多動性障害）の最後のD（Disorder）に由来します。

「壊れたもの」といったイメージを抱くこともありますが、正確には「物事の達成や進行のさまたげになるもの」との意味で、その部分をうまくコントロールしさえすれば、人並み以上の能力やパワーを発揮できます。

対人関係が苦手なケースが多いので、人を相手にする仕事に就けばトラブルを起こしやすい傾向がありますが、好きなことに向かうと、とてつもない集中力を見せて、並の人にはできないことをやり遂げます。

また、「自閉スペクトラム症」のスペクトラムという言葉は、意見、現象、症状などがあいまいな境界を持ちながら連続していることを意味しています。つまり、「正常」から「異常」までさまざまなレベル、症状があるということです。

そして、この性質は、誰にでも、ある程度当てはまります。

HSPは、人に振り回されやすい

一方、HSPは発達障害のような医学の診断名ではなく、心理学で使われる用語であるため、専門医も少ないうえに、HSPという言葉を知らない医師さえいます。広く認知されていないことに加え、発達障害と共通する個性も多いので、病院に行ってさえ混同されることがあります。

たとえば感覚過敏、対人関係が苦手、特殊な才能を持つことなどがHSPの特徴ですが、これは発達障害にも見られる特徴です。

HSPは、「そばにいる人の症状に影響されやすい」ことに加え、外的要因によらない神経の昂《たかぶ》りが頻繁に起きます。そしてその「震え」「ドキドキする」「身体が硬直する」といった感覚を、本人は不安や恐怖と捉えてしまいます。神経の昂りと、不安や恐怖に襲われたときの身体的な特徴はとても似ているからです。

この神経の昂りが原因で、落ち着きがなくなる、身体を頻繁に動かす、といった身体的な特徴が起こり、発達障害の特徴の一つである多動性と誤解されることが多くあります。

ＨＳＰにしろ発達障害にしろ、生きづらさを抱えていることが問題です。

現に、発達障害の人の中には、「それ自体を問題とはしない」ため、あえて診断を受けない人もいます。

作家の市川拓司さんは、子どもの頃から発達障害の症状を見せてきましたが、医師による診断はしていないそうです。そして自らの症状を「選択制発達」、つまり、発達している部分が「選択」されているのだと前向きに捉えているようです。

次項では、自分は発達障害なのかＨＳＰなのか、よくわからないと悩んでいる人の例を挙げています。

彼らが「発達障害」であるか、ＨＳＰであるかという判断はひとまず置いておいて、彼らが日常生活のどこで、どんなふうに困っているのかを見てみましょう。

私はどこがおかしいの？

ケース1 好きな人と結婚したのに、大きなストレス。「片付け」ができないA子さん

A子さんに体の不調が起きはじめたのは、結婚がきっかけでした。

夫と同じ部屋で暮らすようになって幸せなはずなのに、気分が優れない日が続きます。

もともと家事は苦手なほうでしたが、ふと気づくと部屋のなかは取り入れた洗濯物の山。ストレス解消にと買った服や小物類もあちこちに散らばっています。

結婚する前は実家住まいだったため、家事や食事の支度はほとんど母親がやってくれていました。2年の交際を経てのゴールインでしたが、育った環境の違う人と

一緒にいることが、これほど疲れるとは思ってもいませんでした。

最初は「好きな人と一緒にいるのに疲れるのは、私がおかしいからだ、わがままだからだ」と自分を抑えていましたが、そのうち、朝、目が覚めると吐き気をもよおすようになり、夜も眠れなくなり、昼間は会社に行くだけで精いっぱいに。睡眠不足のためか小さなミスが増えるようになりました。


書類を作るように言われていたのをすっかり忘れ、締め切り間際に「あの書類できているよね」と確認され、「そうだった！」と慌てて作って凌《しの》ぐこともありました。急いで作ったせいか作成日時を書き忘れ、「どうしたんだ？」「幸せすぎて仕事まで頭が回らないのかな？」と上司に皮肉を言われる始末。

責められているように感じ、トイレに駆け込んで泣くこともありました。

仕事はできるほうだと自負していたので、こんな些細な言葉に傷ついて「泣いた」ことに自分でも驚いてしまいました。これまでは、誰かに何かを言われても「反発」こそすれ、自分を責めるという反応は、あまり経験がなかったのです。

「私、どうしちゃったんだろう？」最初は小さかった心の穴が、次第に広がっていくイメージが頭のなかに浮かんできます。その穴に飲み込まれる夢さえ見るように。夢だけならまだしも、気が付くと、ぼうっとしてその穴に飲み込まれていく自分の姿の白昼夢さえ見えるようになったのです。

仕事帰りにショッピングする時間だけが、辛さを忘れられる時間です。ショップ店員に「すごくお似合いですよ」と誉められると、この人だけが自分を認めてくれると嬉しくなり、言われるがままに買ってしまいます。

買った瞬間は心が晴れるのですが、やがて帰り道の途中で、品物で溢れる部屋のイメージが浮かんできて、早くも憂鬱になってしまうようになり、ストレス解消のはずだったショッピングさえ楽しくなくなりました。

「忙しいのはわかるけど、たまには整理すれば」とのパートナーの責め言葉にカッとなり、「私のものだけじゃないんだから、あなたも少しやってよ」と諍《いさか》いも起こる始末。

ものに溢れた場所が目にうるさく、最近は部屋にいても落ち着きません。整理しようとするのですが、ものの色や形が気になって手を付ける気になれません。

家も、もう隠れ場所になれない……。

「この先、私はどうなってしまうんだろう」と頭のなかはどんどんマイナスのイメージでいっぱいになっていき、意を決して病院に行ったものの、医者は「気分が落ち込むときにはこれ」と薬をくれるだけ。A子さんはなぜか、薬を呑んでも私の問題は解決しない、とどこかで感じています。

ケース2
専門分野を学んだのに、希望の専門職にたどりつけないB君

大学の理工学部を出たB君。専門職を希望してある大手メーカーに就職したのですが、営業職に回されたため、自分には合わないと、さる中堅機械メーカーに転職しました。

しかし、そこでもまた、入社前の話と違って、機械部門ではなく営業職に回されてしまいます。

「……いえ、私は理工学部を出ているし、その分野がやりたくてここに入ったのです。営業職に回される理由がわかりません」と抗議したものの、「営業は会社の基

本。君は前の職場でも営業職だったので、できないはずはないだろう」と諭されてしまいました。実は前の職場で営業をやっていたとき、「ロクに挨拶しない」「愛想がない」「営業職なのにエラそう」と言われ続けていたのです。

「自分はメカに詳しいのだから、いまの仕事は一時的なものだ。いつかは専門職に回してもらえるだろう」という気持ちで頑張ってきたのですが、転職するなら早いうちがいい、と意を決したにもかかわらず、また営業職です。


今の上司は「君はこの分野が得意なんだから、顧客に対し普通の営業にはできない説明ができるはず。それを生かして相手によくわかる説明をしてほしいんだ。営業で成績を出してくれれば転部の可能性も高いだろう」と言います。

「……その通りかも」と、上司の言葉は正しいと頭ではわかるのです。

確かに、製品の知識なら誰にも負けない。しかし、現実の営業職ではそういうことは求められず、価格や売り上げの件ばかりです。

実際、製品の良さをアピールしようとしても、「製品についてはこちらも調べている。それより他社よりどのくらい安くしてくれるかを検討してほしい」と言われてしまうので、その言葉を受けて、他社と自社の製品の違いを調べたことがあります。

細かい違いを見つけるのは得意で、一人黙々と作業をしている最中は久しぶりに充実感を感じることができました。

しかし、それを一覧表にして上司に渡すと、怪訝《けげん》な顔をされてしまいました。

ほかの人が気づかない小さなディテールにはよく気が付き、自社製品の良さを会議で説明して感心されたこともあるのですが、欠点、不備に気づいてしまうと、そのイメージだけで頭のなかがいっぱいになってしまう。会議でその不備について言及し、「その件については改めて検討するので、よそでは口にしないように」と口止めされたこともあります。しかし、その後改善された様子はなく、どこに行っても何をしていてもそのイメージが頭を離れません。

気になることがあると、頭を離れないというのはよくあることです。たまたま点けたテレビの映像で目にした暴力シーンに驚いて急いでスイッチを切っても頭に残り、何度も甦《よみがえ》ってきて気分が悪くなってしまうこともあります。

「男なのに、こんなに弱くてどうする」と自分を叱咤《しった》しても、どうにもなりません。酒の席で「要領が悪い」「呑み込みが悪い」と罵倒されたこともあり、そのシーンが甦り、体調が悪くなりはじめています。

製品の説明以外で愛想を言えるわけではなく、酒席で座持ちがいいわけでもなく、逆にただ座っているだけ。**相手が本当は何を要求しているのかわからないのです。**

仕事に就く前は特に人間関係のトラブルはありませんでした。友達がいないわけでもありません。高校時代は進学校だったので、ひたすら勉強していましたが、大学に入ってからは同じ趣味の友人とは何時間でも話し続けられました。

女性と話すのは苦手でしたが、好きなことがある自分は無理して女性と付き合うこともないと思っていました。

一度大学時代に女性に「付き合ってください」と告白され、何度か会ったものの、一緒にいても特に楽しくもないので、これなら好きなマシンの本を読んでいたほうが楽しいと、そのうち疎遠になってしまいました。

ときどき「このまま誰にも理解されずに、満足な仕事もできないままに一生を送るのかと思うと、「なぜ？　優秀と言われてきたのに……」とプライドがずたずたになる思いです。

ケース3　音、色、光、情報……何もかも過剰で溺れそうなC子さん

C子さんが初めての街を歩いているときでした。どこからか子どもの泣き声が聞こえてきて、「うるさいな」と思う自分がいました。

何人もの子どもが叫ぶように先生を求め、女の子の甲高い声、男の子のがなり立てる声、そこに大人の女性の「そっちはだめよ」との落ちつきのない声が重なり、

思わず立ち止まって耳を塞《ふさ》ぎたくなったのです。

そのとき、子どもの頃に聞いた太鼓の音が蘇ってきました。C子さんの学校では運動会などのイベントがあると鼓笛隊が演奏します。そのときの太鼓のドンという音がするたびに、ドキッと心臓が躍り上がったそうです。

徒競走のスタートの合図のピストルの音も怖くて、その音を聞くと足がすくんで走るどころではありません。中学・高校のときには「体調不良」と理由をつけては休み、なんとか凌《しの》いできました。そのことを、その幼児たちの調子はずれの声を聞いて思い出し、また不安が襲ってきたのです。

ちなみにC子さんは**味にも敏感**で、ある一流レストランに行ったとき、「あっ、このお肉、前のと違う」と口にして、友達に怪訝《けげん》な顔をされたこともあります。「このお店の出汁《だし》は、絶品ですね、ほかのお店とは違う」と見抜いて、「すごいね、お客さん、うちの出汁はね……」と喜ばれたこともありますが、別にグルメいうことはなく、好きな食べ物はハンバーガー。それも特定のお店の味が好みで、仕事が忙しいときは、それればかり口にしていたこともあります。

そんなC子さんは自分のことを「神経質」、よく言えば「繊細」と認識していて、仕事もその繊細さを生かそうと、ファッションメーカーに就職しました。

といっても服をつくる側ではなく事務職ですが、ときおり回ってくる色見本の管理やパンフレットの色校正などの仕事はとても楽しいものでした。

ところが、会社の業績不振でショップに立たされるようになり、お客様対応がこんなにも疲れるとは思ってもみませんでした。

これまでの事務職では、苦手な相手もいましたが、口をきかない、話をしない、近づかない、でどうにか乗り切ってきたのです。

ところがお客様相手ではそうもいきません。そのうえ、1日の売り上げの報告、ほかのショップの情報の収集など、どんどん仕事が増えていきます。情報の収集は得意なほうだと自負していたのですが、あまりに目まぐるしく変わっていく情報に最近ではめまいを起こしそう。というか実際、朝目が覚めたとき部屋が回っていることもありました。

店に行くと、好きなはずの「色」も、あまりにも溢れすぎていて、絶えず音楽、人の声がしていて……、自分の名前を呼ばれるたびにビクッとするようになってしまいました。

音と色、情報、そして人ごみ……この世界を覆っている過剰な情報の海のなかで息も絶え絶え、溺れてしまうような気がしています。

ケース4 異性関係でつまづいて立ち上がれない……褒め言葉をそのまま信じてしまうD子さん

20代後半にもかかわらず、D子さんにはあまり親しく付き合った異性がいません。何度か彼氏ができかかったことはあるのですが、**人ごみでのデートやレストランでの食事などが面倒**で、いつもたち消えになってしまいます。

「私に彼氏はいらない。ほかの女性たちがあれほど一生懸命、彼氏、彼氏と騒ぐのは見苦しい」とさえ感じていました。

そんなとき近所のコンビニで一人の男性に声をかけられました。

「これ、もしかしたら、あなたのではないですか？」

買い物を精算するとき、何気なく台に置いた本を忘れていたのです。

それ以来、同じコンビニでよく出会うようになり、近くに住んでいたことからコンビニ帰りに話をするようになり、そのうち公園に寄るようになり、ついには部屋を行き来するようになりました。

「職場で自己主張する女性ばかりを相手にしているから疲れるんだ。君と一緒にいるとすごく落ち着く」

「これまで付き合ってきた女性は、あそこに行きたい、これが欲しいと要求ばかりする。でも君は何も欲しがらない。すごく安心できる」

などと褒めてくれます。

会うのに面倒な手続きもいらないし、苦手な人ごみに行くこともない男性との付き合い。自然に、この人と相性がいいと思うようになっていました。ところが、彼が私の部屋に寄ったある日の帰り際のこと。

「あっ、お金を下ろすのを忘れた。少し貸して」

そのときは、まあ、そういうこともあるだろうと、財布から万札を取り出し渡したのですが、それ以来、彼は部屋に来るたびにお金をせびるようになりました。

そしてある夜、コンビニで買い物しようと近くまで行くと、ドア越しに彼がほかの女性に話しかけているのを目にしました。

D子さんは茫然《ぼうぜん》とし、その場から動けなくなっていました。

「相手の言葉をそのまま信じてしまうあなたって変ね」

友達からこう言われ、そういえば、**これまでも人の言葉をそのまま信じて何度か裏切られたことがある**なと思い出し、最近は「人が怖い」と感じています。

ケース5 「お宅の息子は問題児」！落ち着きのなさは遺伝のせい？

長年うつ病に悩み、ＨＳＰや発達障害とも思えるグレーゾーンで常に苦しんできた私自身の話です。

私は子どもの頃からとても変わっていて、いつも問題児だと言われてきました。私の名前は明和《あきかず》と言い、この名前を日本史に引っかけて中学校の先生に言われた言葉を忘れません。

江戸時代の明和９（１７７２）年に起こった、江戸の三大大火の一つと言われる「明和の大火」。強風にあおられ、３日間にわたり江戸を焼き尽くし、１万４７００人もの死者を出したとされます。

同じ年には「辰の洪水」と呼ばれた台風が発生、河川の叛乱、田畑の水没などで讃岐では破壊家屋１万９０００戸以上、死者46人が出ました。

このために明和９年は「めいわく（迷惑）年」などと言われてきた。歴史の先生がこの史実を話したあと、私を見ながら言ったのがこの言葉です。

「ここにも明和９（迷惑）がいる」

今でも忘れることができません。

実際私は他人と同じことをするのが嫌いで、皆が白い服を着ているときに黒いシャツを着て学校に行ったり、ただ一人下駄で学校に行ったりしていました。

母は何度も学校に呼び出され、「お宅の息子はなぜ皆と一緒の行動を取れないのですか」などと苦言を呈されていました。こんな問題児が無事進級できたのは、人より勉強ができたおかげです。友達が少なくはなかったのですが、親友などというレベルの友達はいませんでした。

また、私より3歳下の弟は早生まれで、ひ弱でした。私を含め他の子どもは乱暴なくらい元気がよかったので、「いつも独りで遊んでいる」とか「女の子みたいだ」などと冷やかされていました。

その彼も高校生になると勉強もできるようになり、大学では文学部で歴史を学び、普通のサラリーマンとして幸せに過ごしました。いつも家に閉じこもって運動もせず、一人で本を読んでいたことを考えると、成長してずいぶん変わったと思います。

このように、私も弟もあまり周囲に馴染もうとしない変わった子どもでしたが、当時はまだ「発達障害」という概念はなく、それこそ黒柳徹子さんのように「あの人は、変わっている」ということで、ある意味、認められていたように思います。

私が子ども時代を送ったのはだいぶ昔のことですが、「みんなと一緒でないとおかしい」という「同調圧力」は、今ほど強くなかったと思います。まあ、多くの人は、自分たちが食べていくのに必死で、他人のことを構う余裕などなかったとも言えますが（もちろん環境によっては疎外されていた人もいたことでしょう）。

私の孫はどうだったのか？

私の孫は子どものころからいつも身体を動かしていないと気がすまないという感じで、家族一緒に食事に行っても、他人が食べているものをとるような、非常に落ち着きのない子でした。

ですから、中学の時には先生から多動性の発達障害ではないかと言われ、毎週1回、精神科の医師に診てもらうことが義務付けられたのです。

「そんなバカなことがあるか。医者のところになど行く必要はないよ」

私は娘に言いました。自分や弟の子ども時代の記憶が甦ったからです。

「だって医者に診てもらわないと内申が悪くなって、高校に入れないのよ」

娘はそう言いました。

驚いた私は、そこで私の書いたＨＳＰの本を先生のところに持っていかせ、私もこのように過敏であったが、今はそれが売り物になっている、と娘に告げてもらいました。すると、医師のところに行く必要はなくなって、内申書も無事に書いてもらえました。


実際のところ、私の孫は発達障害だったのか、それともＨＳＰだったのか？

私自身、ＨＳＰの気質があるので、それが孫に伝わっているかもしれません。

私の場合、自分は「ＨＳＰだろう」と自身で診断したことは先に述べましたが、詳しく調べたら、「発達障害」の可能性もあるでしょう。

孫には、そうした診断を受けさせませんでしたが、やがて成長するにつれ、問題なく社会生活を送れるようになりました。

何が言いたいかというと、**子どもの頃の脳は未発達で、発達が一応完了するのは20歳前後**という研究があり、「未発達」と「発達障害」は違うということです。

発達途上は、障害ではありません。発達途上では、脳は成長の過程でアンバランスさを見せることも多々あります。

いたずらに不安になる前に「子どもの問題行動」には「障害」とはまた別の面もあることは、知っておいてもよいのではないでしょうか。

発達障害とHSP。医師でも判断が難しいワケは？

HSPと発達障害、この2つに付随する症状は医者でさえ判断が難しいものです。

主な理由として次の3点が挙げられます。

① HSPの概念が一般的にはまだ認知度が低く、医師にも知らない人が多い。

②　発達障害についても専門の医師はまだ少なく、正確な判断が難しい。
③　ＨＳＰと発達障害には似た症状が多い。

「多動が見られる」「自己肯定感が低い」「対人関係がうまくいかない」といった悩みを打ち明けると、「発達障害」や「うつ」傾向があると安易に診断されてしまうことがあるのは、こういう背景があるからです。

発達障害と見えて、実はＨＳＰやうつ、さらには躁うつ、パニック障害、睡眠障害などであるケースもあります。

いま出ている症状は、「原因」なのか「結果」なのか？

原因と結果を取り違えているケースも多く、この手がかりを間違えると、治療もうまくいきません。たとえば、落ち着きがなくそわそわしているためミスが多く、注意を受け落ち込むというケースについて。

これが発達障害の場合は、「落ち着きがない（多動性）」が原因で、ミスが起き、注意を受ける↓落ち込む、というようになります。

この場合の「落ち着きがない」は「脳の機能」にその原因があります。

一方、ＨＳＰの場合は「人の言葉や情報の氾濫で混乱する」↓落ち着きがなくなる↓ミスが増える↓注意を受ける↓落ち込む、というように、「落ち着きがない」は、環境などからくる影響の「結果」であって、その原因はあくまで「外部の刺激」によるのです。繰り返します。

発達障害の場合の「落ち着きがない」は、脳の機能が原因。

ＨＳＰの場合の「落ち着きがない」は、外部の過剰な刺激が原因。

ですから、過剰な刺激がないにもかかわらず落ち着きがない場合は、発達障害の可能性が高いと考えられます。さらに言えば、発達障害やＨＳＰが原因の場合、その症状は子どもの頃からよく見られた、ある意味、お馴染みの症状のはずです。

お馴染みではなく、ある日突然症状が「来た！」という場合は、むしろ一時的なうつのようなものと考えられます（ＨＳＰとうつの違いは、廣済堂出版刊の拙著『ＨＳＰとうつ～自己肯定感を取り戻す方法』を参考にしてください）。

HSPと発達障害の類似点と相違点

	HSP	発達障害（アスペルガー／ADHD）
感覚過敏	ある。音・色・匂いなど五感が敏感	アスペルガー：ある ADHD：ある
対人関係	相手の気持ちを読みすぎて辛くなる。相手の心まで感じ取ることもある	アスペルガー：ある。いわゆる、空気が読めない ADHD：あまり問題ない
建前と本音	本音を感じ取る	アスペルガー：区別がつかない ADHD：区別がつかない。相手の言葉をそのまま受け取る
こだわり	ある。頭から離れなくなることがある	アスペルガー：大いにある ADHD：ない。執着は少ない
不注意	ほかのことに気を取られていると不注意になることがある	アスペルガー：不注意になることがあるが、好きなものには細かい ADHD：不注意になることがある
多動	ある。刺激が強すぎて落ち着かないことも	アスペルガー：あるケースもある ADHD：ある。落ち着きがない
衝動性	ない。石橋を叩いてわたるタイプ	アスペルガー：あるケースもある ADHD：ある

1章　まとめ

- HSPと発達障害には似た個性・特徴があり、混同される場合がある。発達障害と似た個性のある人のなかには、実は「HSP」の人もかなりいると推測される。
- HSPは優れたミラーニューロンを持つがゆえに周囲の人の影響を受けやすく、相手の状態や個性などがそのまま「うつる」こともあると思われる。
- 「発達障害」は脳の機能による生まれつきの特性。HSPは気質。気質とは髪の毛が黒、茶色などというようなその人が持っている遺伝的な特徴。そこに優劣はない。
- 今出ている個性・特徴は「原因」なのか「結果」なのか？　原因と結果を取り違えているケースも多く、それを間違えると診断も治療もうまくいかない。

2章

自分はHSP？　発達障害？

――チェックして自分をより理解しよう

得意・不得意の落差は激しいか？

ＨＳＰは診断名ではなく、心理学の用語であり、気質を示す言葉です。

一方「発達障害」は正式の医学用語で、数は少ないとはいえ専門の医療機関もあります。発達障害と認められると公的な支援を受けられるケースもあります。

またＨＳＰと発達障害の両方の症状を持つ人もいます。

そのほか両者の境界線上、つまりグレーゾーンの人もおり、それこそ「傾向」は、千差万別です。

どんな人にも得意・不得意があります。

たとえば、知能は高いが運動能力は低い、画像処理は得意だが文字系に弱い、あるいは理系には強いが文系には弱いとか、誰もがそもそもアンバランスな存在です。

ただ、ＨＳＰや発達障害は、その落差が大きいのです。

たとえば、寝る、食べるという日常生活に欠かせない大切なことを忘れてしまうほど、好きなことには熱中し、のめり込むわけです。

そして、環境によって、そうした傾向の評価は変わります。

たとえば、文字系に弱い人がその能力を必要とされる場所にいれば、それは日常生活に支障をきたす「困ったこと」になりますが、環境によっては困らずにやっていける場合もあります。

アメリカの人気俳優トム・クルーズは、文字が読めないディスレクシア（識字障害）があるのに、映像的な能力には優れ、俳優の道に進み大成功しています。俳優としては台本を読んでセリフを覚えることは不可欠な能力ですが、彼はセリフを人に録音してもらい耳から覚えるそうです。

不得意よりも得意に注目すれば、それは困った障害にはならないのです。

アスペルガー症候群の人たちは学校の成績もよく、優れた能力を見せるため「人づきあいがよくない」「空気が読めない」という点は問題とされないこともあります。

実際、発達障害の判断基準である「ＤＳＭ－５」には重要なことが記されています。それは、**「その症状で本人が困っていれば診断する」**ということです。

逆に言うと、「その症状で困っていなければ特に診断は必要ない」ということです。

アスペルガー症候群（ＡＳＤ）や多動性症候群（ＡＤＨＤ）は、人の気持ちがわからない、人の気持ちを忖度《そんたく》しない（できない）という面があるのですが、高い知能と優れた才能によって世界に名を馳《は》せている人も数多くいます。

偏りはあっても、ほかの能力でカバーできるなら、それは「障害」ではなく「かけがえのない個性・才能」です。

ＨＳＰにせよ、発達障害にせよ、まずは自分はどんなことが得意で、どんな症状に困っているかを知ることが非常に大切です。

というのは、一人ひとり症状が違うからです。

とても得意なことと不得意なこと、とても敏感なことと鈍感なことが両方あるのは、普通の人でも同じでしょう。そうした特性をつかむことは、よりよい生活、人生を送るのに普通の人であっても必要なことなのです。

「困ったことがある」「困ったことが起きた」――それは、自分の「傾向」を探る

一番のチャンスです。

いざ、そうなったときはパニックになったり、落ち込んだりするでしょうが、そこを冷静に見つめることが、深く自分を知ることにつながります。そして、それが、これからのあなたの人生を実り多いものにしていきます。

自分の傾向に気づいたあなたは、すでに解決の糸口を見つけています。

あとはそれをほぐしていくだけです。

生活のなかでどんな点に困っているのか

自分の傾向を探るために、ＨＳＰ度と発達障害度をチェックしてみましょう。

冒頭の４、５ページのチェックテストは、どれくらい当てはまりましたか。

チェックするときは、毎日の生活のなかで、「自分はどんなことに困っているか」に注目してください。

というのは、困ってもいないのにそこを問題点とすると、せっかくの自分の才能や持ち味をなくしてしまうことがあるからです。

「角を矯《た》めて牛を殺す」。牛の角が曲がっているからといって、それを無理にまっすぐにしようとして牛を殺してしまうようなことが、往々にしてあるのです。

発達障害とは能力の凸凹とアンバランス

次は発達障害です。

こちらは、医療機関に正式な診断基準があります。

米国精神医学会によって1994年に作成されたDSM-5です。これに基づいてよく見られる特徴をチェックしてみましょう。

6、7ページの30項目のうちチェックのついた数をHSP度チェックと比べてみましょう。こちらも多かれ少なかれ誰にでもある傾向ですから、チェックする際には次の2つのポイントを意識してください。

「それによって日常生活に支障が起きている」

「（得意な面と比べて）あまりに落差が激しい」

表面的な傾向は似ていても、原因は別

さて、ＨＳＰと発達障害には、表面的には共通した傾向が多くあります。

①　光や音などの強い刺激に敏感に反応しやすい。
②　特定の分野において優れた才能を発揮する。
③　外部と自分との違いに悩み、苦しみを感じている。
④　大勢での飲み会より少人数の集まりが好き。
⑤　頭のなかに次々といろんな考えが浮かぶ。
⑥　心配事が浮かぶと、頭から離れなくなってしまう。
⑦　想定外の出来事に弱く、パニックを起こしたことがある。
⑧　ほかの人には見えないモノが見えることがある。

⑨　睡眠障害がある。

⑩　建前と本音の使い分けで混乱しがち。

あくまでも表面的に共通した傾向であって、HSPと発達障害では「原因が違う」ことに留意してください。

たとえば④**「大勢での飲み会より少人数の集まりが好き」**という共通の傾向について。HSPは、大勢の人といると脳に刺激を受けすぎて疲れるのですが、発達障害は、相手の気持ちが読み取れないために、大勢のなかにいても楽しくない。だから、大勢でいるのが苦手なのです。

⑤**「頭のなかに次々といろんな考えが浮かぶ」**という共通傾向について。HSPは五感の感度が鋭敏なため、脳が刺激を受けすぎてあれこれ考えてしまいます。

発達障害の多動性は外部の刺激から生ずるものではなく、脳が過剰な興奮を受けやすいということです。

⑩**「建前と本音の使い分けで混乱しがち」**。これは普通の人でも難しいものです。

ＨＳＰは相手の建前を素直に信じながらも、心のどこかで、どこかおかしい、相手の本心でないと感じ取ることがあります。

しかし、どちらが正解か確信するまでには至らないので、余計に混乱するのです。

もう少し詳しく説明すると、ＨＳＰの人は、相手の建前をそのまま素直に受け取る一方、どこかで本当にそうだろうか、相手は心からそう思っているのだろうかと感じ取り、疑問を抱くわけです。

たとえば、親は「勉強しろ。それが安全な道だ」と言う。

こう言われたＨＳＰの人は、「その言葉を素直に」受け取りながらも、どこかで「本当に正しいのだろか？」「親は、本当にそう思っているのだろうか？」と混乱します。

親が本音で心の底から「勉強するのが正しい！」と思っていれば、それはそれで、親の希望として納得するなり、自分は勉強したくないと反発するなりできます。ですが、どこかで親の「別の本音」――たとえば、勉強しても幸せになれるかどうか、親自身も疑問を覚えていることなどを感じ取っていたりすると、親への「不信」といったことにまで進展することがあります。その分、やっかいなわけです。

アスペルガーやＡＤＨＤ（注意欠陥症。これも発達障害のうちの1つ）は、言葉や表情の裏を読み取れないので、本音と建前の区別がつかないということです。

ＨＳＰの人の「過剰反応」はあくまで外部の刺激が原因であり、「困った症状」はその結果です。

発達障害の人の「過剰反応」は、脳の機能そのものが原因です。

ご自分の症状がある特定の条件の下での結果なのか、常に起きているのかを考えてみるとわかりやすいと思います。

このように、ＨＳＰと発達障害というのは、ある意味、正反対の状態であるにもかかわらず、行動や傾向には多くの共通項がある。これは不思議なことです。

発達障害とされる人たちの中に、実はＨＳＰであるかもしれない人が多くいるのではないかと1章で述べましたが、それくらい共通項は多いのです。

一方、両者には次のような明らかな違いもあります。

そのほかの明らかな違い

■コミュニケーション

発達障害：空気が読めない＝コミュニケーション障害。
HSP：空気を読みすぎて苦しい＝他人の言動に振り回される。

■整理整頓

発達障害：片付けや整理、料理が苦手。
HSP：片付いていないと落ち着かない。すべてがきちんとしていないと気がすまない。

■注意力

発達障害（とりわけADHD）：興味のあることにはものすごい集中力を示す一方、目の前の刺激に応じて興味や注意がコロコロ変わる。
HSP：細かいところにまで注意が行き届く。

衝動性

発達障害（とりわけＡＤＨＤ）：相手の気持ちや立場を考えないので、思ったことをすぐに口に出す衝動性がある。

ＨＳＰ：他者への共感度が高いので衝動性はない。しかし他者への気持ちを忖度しすぎて苦しくなったり、身動きが取れなくなったりする。「石橋を叩きすぎて壊してしまう」ことがある。

空気を読む

ＨＳＰ：空気を読みすぎて疲れる。物理的に「空気の層」といった像が見えることがある。

発達障害（とりわけＡＤＨＤ）：実際に目に見えない空気や雰囲気を読み取るのは苦手で、「人の気持ちがわからない」などと非難されることがある。皮肉、揶揄《やゆ》、ユーモアといった微妙なエスプリ（機知）を感じるのが苦手で、「真面目で面白みがない」と言われることもある。ＡＤＨＤの基本的な傾向は、「衝動性」にある。

この人はどっち？　実例を診断

1章で挙げたそれぞれのケースを、HSPなのか発達障害なのか、あるいはグレーゾーンなのか検討してみましょう。

ケース1
好きな人と結婚したのに、大きなストレス。「片付け」ができないA子さん（↓1章P43参照）

発達障害には、**2つのことが一度にできないとか、ルーティンワークが苦手というタイプである「ADHD」（注意欠陥症）**があります。

特に書類の整理や片付け、家事では料理が苦手です。料理には段取りが欠かせませんが、包丁で野菜を切りながら、火にかけた鍋の塩梅《あんばい》を確かめ、使ったモノを洗いながら、次の料理の手順を考えるといった作業が苦手です。

実家暮らしをしているときは親が家事をしてくれて、本人は勉強や仕事だけやっていればよかったので特に問題のなかった人が、結婚や転勤などで家事を自分でやる必要が出てくると、その傾向が表面化します。

HSPの人も、結婚を契機にトラブルが表面化することもあります。

これは、相手との「育成歴（育ちの違い）」や「考え方」の違いからストレスを受けるためです。

料理の味付け一つにしても、「辛すぎる」「甘すぎる」など、家庭の味の基準が違います。片付けにしても、散らかり程度を「これくらい普通」と感じるか「散らかっている」と感じるか、「普通」のレベルがそれぞれの家庭で大きく違います。

これらの「違い」に敏感な人は、それらに絶えず脳が反応し、精神的に圧迫されて体調を崩すこともあります。

ですから先のA子さんの場合は、HSPの人が発達障害の傾向を持ってしまった

「ＨＳＰうつり」のグレーゾーンかもしれません。「かもしれません」というのは、どんな人でも、何の問題もないように見える人でも、こうした偏った傾向はあるからです。

ＨＳＰの人がストレスを感じた場合、**気分を変えようと人ごみに出たりすると余計にストレスを感じる**場合があります。料理であれば、**野菜の色や匂いが気になることも**あります。

「家事」や「料理」がどのくらいできないのか。その理由は何か。

「整理」「片付け」は**いつからできないのか**。それは、**今抱えているストレスだけが原因なのか**どうかを考えてみましょう。

ケース2 専門分野を学んだのに、希望の専門職にたどりつけないB君 (↓1章P47参照)

専門分野において優秀で、かつ、対人関係が苦手なのに、なぜか営業職に就かされているB君のケースです。これは会社の人事管理にも問題がありそうですが、それはさておき、いくつかの点で発達障害の中の「アスペルガー症候群」の可能性があります。

先のA子さんの例で挙げた「ADHD」とは違い、**特定の分野に突出した才能を見せる「アスペルガー症候群」は〝天才型〟**とも言われています。

その反面、「人とのかかわりやコミュニケーションが大の苦手」で、「言葉の裏が読み取れない」つまり「空気が読めない」「本音と建前の使い分けで混乱しがち」などのせいで、人間関係の面でのトラブルが多く起きます。

自分の気持ちもうまく表せないこともあり、「コミュ障(コミュニケーション障害）」と言われてしまうこともあります。

しかし、このタイプは人間関係のトラブルさえクリアできれば、多くの長所が発揮できます。

① 既成概念に捉われず感性が鋭いので、人のできないことをやる力、才能がある。

② 得意なこと、好きなことにはすごい集中力を見せる。

③ 真面目に物事に取り組む。

作曲家のベートーベン、作家のコナン・ドイル、相対性理論を唱えたアインシュタイン、画家のゴッホなど多くの**芸術家**がこのタイプです。

医者や弁護士、検事といった職業にもこのタイプは多く、「相手の感情に左右されることなく、適切な診断や判決を下せる」能力が存分に生かせます（4章参照）。

B君のケースは、せっかくの自分の能力が生かせず、苦手な「人間関係」や「雑事」にばかり翻弄される毎日で、もったいない状態になっています。一日も早く自分の適性を理解して自分に合った職場を探すことが大切です。

ただ、高学歴でプライドの高い人は、自分に合った仕事や会社より、「世間的に名の通った会社」「脚光を浴びる仕事」を優先してしまい、結果的に合わずに苦しむ傾向があります。

もし、そうなってしまったら、この際、自分の適性や性格傾向をしっかり掴む機会だと捉えましょう。

ケース3 音、色、光、情報……何もかも過剰で溺れそうなC子さん (↓1章P51参照)

こちらは一見してHSPと判断されがちですが、「アスペルガー症候群」(ASD)でも、音や匂いへの過剰な反応はあります。

タレントで俳優の栗原類さんは、その著書『発達障害の僕が輝ける場所をみつけられた理由』（KADOKAWA）の中で、自身の過敏性について次のように述べています。

「僕は小さい頃から、特に音に対して敏感でした。でもそれは決して「聴力が良い」ということではなく、僕にとって「良い音」と「悪い音」の違いがはっきりしていました。

……保育園時代、もっとも苦手だったのは園児たちの「がなりたてるような歌声」でした。……毎回耳を塞いで甲羅に閉じこもった亀のように固まって地面にしゃがみこむか、怖くて教室から逃げ出すばかりでした」

一方、**HSPの人の場合は、脳のミラーニューロンが人一倍活発なため、外部の音や光、匂いなどを拾い集めてしまい、脳が過剰反応を起こしてしまう**のです。

大勢の人の集まる場所には、音、色、匂いが氾濫しています。敏感な人はこの氾濫に脳が耐えきれず、体調不良を起こしてしまいます。

また「自分と他人との境界線が薄い」ため、目の前にいる人の影響をもろに受けやすく、場合によっては、その人の心の状態（機嫌の良し悪し、好き嫌いなど）までが自分の脳（心）に映ってしまい、自他の区別が曖昧《あいまい》になってしまいます。

そのため人を避けるようになり、人間関係がうまく築けない、コミュ障といった状態として現れることがあります。


C子さんのケースでは、「アスペルガー症候群」に見られる他の症状、たとえば「興味の幅が非常に狭く、そして一度何かに集中しはじめると、ほかのことは考えられない」といった状態になるかどうかで判断します。当てはまればアスペルガーの傾向が高いと思われます。

色、音、光などが一度気になり始めたら、頭を離れないようならＨＳＰかもしれません。

対処法としては、海や草原、山などあまり人のいない静かな場所に行くとか、自分一人の部屋で音楽、テレビ、パソコン、スマホなどの刺激を遠ざけることが大事です。

ケース4　異性関係でつまづいて立ち上がれない……褒め言葉をそのまま信じてしまうD子さん（→1章P55参照）

アスペルガー症候群の最も大きな特徴は、「人とのかかわり方」に困難を抱えていることです。

これには次の4つのタイプがあります。

①　自分からは動かない受動型
②　自分のことしか考えない積極型
③　他者を必要としない孤立型
④　ルールに縛られる格式ばった型

D子さんは、自分から人にかかわることが苦手で、人から話しかけられたり、好意を示されたりすると、その人の言いなりになる傾向があるようです。こうした傾向は女性に多いと言われ、「自己肯定感の低さ」も原因である可能性があります。

ＨＳＰの場合は、相手の心を先読みすることで相手の言いなりになる傾向があり、アスペルガー症候群と同じように見えますが、次の指標で判断します。

相手の心、気持ちがわかりすぎる＝ＨＳＰ傾向

相手の気持ちはわからない。相手の言ったことをそのまま信じる・受け取る＝アスペルガー傾向

自分がどちらなのか判断したうえで、３章の対処法を実行してください。

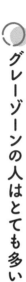

グレーゾーンの人はとても多い

自分はＨＳＰか、発達障害か。

チェックテストをした結果、「どちらにも当てはまる」と不安になった方もいるかもしれません。でも、実はそういう人はとても多いのです。

ほかのどんな病気のチェックテストでも、やってみると「こんな症状はある」と思うもの。**多くの人は心身に不調やアンバランスを抱えながら毎日を送っています。問題は、その症状を気にしすぎたり不安を抱え込みすぎたりして、日常生活が不安定になってしまうことです。**

その場合、考え方を変えてみるのも一つの方法です。

片付けが得意ではないのは、その必要性を認めていないからかもしれません。

人と話をするのが苦手なのは、一人で思索にふけりたいからかもしれません。

社会は、いろんなことを要求してきますから、それができないことで自分が劣っているとか、正常でないと考えてしまいがちなのです。

でも、逆に言えば、できないこと、不得意なことがあるのが人間で、あることができない、不得意であるから自分は正常でないとか、ダメだとか考える必要はないということです。このことは、ぜひ頭の隅に置いておいてほしいと思います。

「障害」という言葉を聞くとドキッとしますよね。

自分は「障害がある」と認めるのはなかなか難しいものです。特にアスペルガーの人は、ほかの人以上に優れた点も多いため、「障害」と診断されることに抵抗があるのではないでしょうか。

しかし、発達障害を表す英語「Developmental Disorder」の「disorder」とは、乱れとか不調とか軽い病気の意味ですから、発達にちょっと乱れが見られ「多少のハンディはあるけれど……」くらいの意味だと思えばいいのです。

「ほとんどの人はアンバランスな心の状態を抱えて生きている」と知っておくことも救いになるのではないでしょうか。

「困ったこと」ばかりに焦点を合わせず、自分の持つ傾向の長所を生かす方向に多くのエネルギーを使うとラクになるでしょう。

2章　まとめ

- 得意・不得意は誰にでもある。環境によりそれは大きく変わってくる。
- 得意・不得意の落差が激しく、日常生活に支障がある場合のみ、それは解決すべき問題となる。
- HSPも発達障害も一人ひとり症状が違う。あることには非常に敏感なのに、ある面では非常に鈍感だったりする。
- 純粋なADHD、純粋なASD、純粋なHSPはいない。それらが混ざっているグレーゾーンの人が増えている。
- チェック事項から自分の傾向を知ることが「自分に合った対策をとる」ために重要。

3章

「生きていくのが苦しい」からの脱出

——「困った」がわかれば対処法が見える！

勤め先のお店では
めまぐるしい情報量に
溺れる感覚に陥る
人
音
声
色

この章では、「発達障害（アスペルガー症候群やＡＤＨＤ）」と「ＨＳＰ」双方の原因を見ていきます。

そのうえで、どんな対処法があるのかを紹介していきます。

グレーゾーンにいる人は、両者の原因を知ることは、症状緩和に役立ちます。

発達障害（アスペルガーやＡＤＨＤ）の原因

発達障害とは、「脳の偏り」「脳の機能の特性」です。脳の発達している分野によって差異があるわけです。

と言っても、誰の脳にもアンバランスはあります。バランスのとれた人のほうが珍しいのですが、発達障害の場合、その差が激しいのが大きな特徴です。

そのうえ、どんな特徴として表れるのか、人によってマチマチなので混乱してしまうわけです。

たとえば「こだわりが強い」という特徴も、すべてにというわけではなく、あるものに対してはまったく無頓着かと思えば、あるものには極端なこだわりを見せるという具合です。あるいは、何に対しても、発達障害の特徴であるはずの「こだわり」を見せない人もいます。

一般的な「発達障害」（アスペルガー症候群）の症状を知ったあとは、「自分の脳のクセ」を知ることが、とても大事になってきます。

いわば、「特別あつらえの脳」（自分の脳）が、何に対してどのくらい「こだわる」のか。そして、日常生活に支障をきたすか、きたさないかがメルクマールとなります。

まずは、自分のアンバランスがどの程度なのかを自己確認してみましょう。

デコボコの差が生じる原因は、遺伝、幼児期の病気、生活習慣などいろいろ挙げられていますが、確かなことは不明です。

最近、発達障害という「脳の機能の特徴」を持つ人がいきなり増えているのは、おかしいとの見解もあります。純粋な「脳の機能の特徴」ばかりではなく、「ＨＳ

Pうつり（発達障害の傾向も持っているHSP）」が増えているのではないかとか、環境の激変などに原因があるのではないか、とも言われています。

つまり、「発達障害」的な症状を見せる人が増えたのは、ストレスが過剰に増えた現代社会こそが病的であり健全に機能していないからではないか、というわけです。

発達障害の子を持つ親には、同じような脳の機能の「偏り」が見られることも多いのですが、1980年代ごろはまだ「発達障害」の概念自体がなかったので、それを知らないまま過ごした人も多くいます。

ちなみに、我が家も同じケースかもしれません。

発達障害の中の1つ、「ADHD」（多動性機能障害）の原因については、かつては「前頭葉機能不全（前頭葉の抑制が効かない状態）」とも考えられましたが、最近の研究では、脳のさまざまな機能の連携がうまく取れないためとも言われています。

なぜ脳の連携がスムーズにいかないのか。

これには生化学の分野でも研究が行われており、脳の神経伝達物質である「モノアミン（ドーパミン、ノルアドレナリン、セロトニン）」の不足が指摘されています。

この3つの物質は、最近とみに脚光を浴びており、「報酬系ホルモン」「シアワセ・ホルモン」との別名もあります。

ストレスを受けると、脳内でこれらのホルモンが不足します。反対に、瞑想や動物と触れ合うことによる癒やしを得ると、セロトニンは増えるとも言われています。

HSPの原因

HSPは、脳の一部が外部の出来事に敏感に反応してしまうため、さまざまな不調が起きてしまいます。

アメリカの心理学者エレイン・N・アーロンの『ささいなことにもすぐに「動揺」してしまうあなたへ。』」が出版されたのは1996年。2000年には、サリ・ソルデンの『片づけられない女たち』が邦訳され、大人の「発達障害」が日本でも認識されはじめました。

ＨＳＰと発達障害は症状としても似た部分が多いため、当時は混同されることが多く、誤診誤解されてきたケースが多いのです。

両者の症状が似ているのは、脳の同じような箇所が、

「過剰」＝ＨＳＰ

「不全」＝発達障害

と、健常に働かないことが共通しているからです。

ＨＳＰは「脳が周囲の情報に敏感になり反応しすぎるため」に起きる不調です。

そういう「気質」なのです。

「気質」とは、たとえば髪の毛が黒い、茶色いというように、その人が持って生まれた性質です。そこに優劣はありません。

しかし、現代社会では「精神的に強いことはいいことだ」とされ、細かいことを気にしないほうが「タフな人・動じない人」などともてはやされる傾向があります。

そのため、「繊細さ」や「敏感さ」は「矯正されるべき」と思い込み、苦しんでいる人が多いのです。

話を戻しましょう。

繊細さは、あらゆる生物の一部、おおよそ1%から20%が持つとされ、「選ばれし者」とも言われます。

この気質がなかったら、生物は生き延びることができないからです。

どういうことかと言うと、「敏感さ」は、もともと天敵の存在や、食べたら危険なものなどを素早くキャッチして仲間に知らせるなど、生物が生き残るための生存戦略だったということです。匂いや音に敏感なのは、その匂いから腐っていることを察知して口に入れるのを止めたり、天敵が近づいている音を察知して素早く逃げたりすることで身を守ることに役立っていたというわけです。

HSPは、その能力で危険を察知し、それを事前に知らせることで多くの人々を救ってきました。またシャーマン的な能力で未来を予言したり、個人的にも、優れた直観によって嫌な場所や人を遠ざけることで安全を保ったりしています。**大いな**

る能力とは、危険な状態から逃げることではなく、危険が起きる前に避けることです。

これまであなたが無事に生きてこられたのは、危険を回避し、安全な道を正しく選んできたからにほかなりません。

かつて小説などで人気だった超能力ものは、スーパーマンのような「超能力者」が特殊な能力を使ってさまざまなことを成し遂げるものでした。

ところが、ある時期から、たとえば、スティーブン・キングや宮部みゆきさんなどは「超能力」という特殊な能力を授けられた人たちの悩みと苦しみを描くようになり、それが大いに共感を呼び、ベストセラーになっていきました。

ディズニーのアニメ映画『アナと雪の女王』もそうですね。

これは、発達障害（特にアスペルガー症候群）やＨＳＰ、あるいはグレーゾーンといった特別な能力を持った人々が増えたことにより、主人公の苦しみを理解し、似たような悩みを自覚しはじめたからではないでしょうか。

二次障害について、知っておけば防げる

ＨＳＰが、一般的にまだよく知られていないことによる弊害はほかにもあります。二次障害として、仕事への不適応、人間不信、生活リズムの狂いからくる身体不調、うつなどを起こしやすいのです。

診断が間違っているゆえに対処法も間違う。そのためにいつまでも苦しみ、薬による依存症、副作用などを背負うことになります。

文明が発達し、身の安全が保ちやすくなった現代社会では、かつてほどの敏感さは必要ではなくなりました。にもかかわらずＨＳＰの人は、匂いや音への敏感さを保ち続けているので、それにより不調を起こすのです。

現代は刺激に溢れた社会であるため、ＨＳＰの人にとっては、身を守るために周囲に過剰反応してしまう敏感さが却《かえ》って仇《あだ》になっている面があります。次の方法でうまくやりすごしましょう。

気にしない練習①「脳内ホルモンのせい」と考える

発達障害のなかでもＡＤＨＤは、脳内の報酬系ホルモン、つまり幸福を感じるためのホルモンであるドーパミンの分泌が少ない傾向があります。また、注意力や衝動性にかかわるノルアドレナリンも不足気味で、これにより、注意力、持続力が低く、衝動性が高くなります。

つまり、やる気が出なかったり、疲れやすかったりするのは精神力が足りないからではなく、ホルモンのせい。こう考えると少しは楽になるのではないでしょうか。

たとえば「やる気」。

ＡＤＨＤは脳の注意システムがうまく働かない結果です。脳の注意システムは覚醒、やる気、報酬系、そして動作をつかさどる部位がスムーズにつながってこそ起動します。ただし、このシステムは気まぐれで、授業中に落ち着きのない子がテレビゲームなら何時間でも集中できる。

状況によって、脳の報酬系の活動がはっきりと違っているのです。

報酬系は、ドーパミンが束になった「側坐核」と呼ばれる部位で、喜びや満足の信号を前頭前野に送って、集中するために必要な動機や「やる気」を生み出しています。

この脳の報酬系機能を活性化させる「刺激」は、人によっても、また、同じ人でも対象物によって違ってきます。

ADHDの注意システムの不具合は「欠陥」というより、思った通りに注意を向けられないということです。狙った場所に焦点が当たらないわけです。

HSPについても脳のホルモンが関与しているのですが、これは意外に見逃されがちです。敏感さを感じたあとの脳を調べると、脳におけるアドレナリンともいえるノルエピネフリンが多く分泌されていることがわかっています。

ノルエピネフリンとは、神経の昂りに関連している物質です。

また、HSPは平常時でもストレスホルモンであるコルチゾールの分泌が多いのが特徴です。なにしろ「危険を察知」する高性能センサーが備わっているのですから、リスクを人一倍感じるためのホルモンが多いのは当然です。

ですから、**わけもなく不安やドキドキなどの症状が出たら、「特に心配するほどのことはない。誤作動の一種だ」と、自分に言い聞かせましょう。**

軽い症状なら、手や身体の一部をなでてセロトニンという「幸せホルモン」を出すことで落ち着きを取り戻すこともできます。

私たちの脳の注意システムは、脳のほかの部位と同じく、身の回りの環境について理解するのが精一杯なのです。その点については1万年前と変わっていません。

ところが、インターネットが支配するこの世界ではなんでも早く進むのが当然で、そうでないとたちまちイライラする。既読がつかない、メールが届かない、そんなことが1時間も続くと何かあったのではないかと心配になる、自分は見捨てられたのではないかと不安になる。これは「現代病」と言ってもよいでしょう。

現代を生きる私たちは、太古の時代とは全然違うリスク・危険にさらされているのですが、脳は未だに太古のまま。そのズレがさまざまな症状を起こすのです。こういった事実を知っておくことも、敏感さという才能をうまくコントロールするのに大切です。

ドキ
ドキ
あ、また
誤作動してる
こういうときは
セロトニン出して
落ちつこーっ
ふかー
精神力が
足りないのよ
これは
私のせいじゃ
ないの
脳内
ホルモンの
せいなの

気にしない練習②「月経前症候群」（PMS）の場合もある

話は逸れますが、ホルモンに関することは案外忘れられがちですので、ここで、女性のホルモンの大切さについても述べておきたいと思います。

成人した男性のホルモンはほぼ一定ですが、女性の場合は、幼少期、成長期、妊娠、年齢を重ねた閉経後など、環境や年齢によって絶えず変動を続けます。

女性にとって、身近なのは「月経前症候群」（ＰＭＳ）です。

生理前のある一定期間、女性は心身とも不安定になります。

なかには**特に理由なくひどく憂鬱になり、「会社を辞めたくなる」「離婚したくなる」「育児が辛くなる」「すべての家事を放り出したくなる」「夫や他の異性との諍いが増える」「パートナーの顔も見たくなくなる」といった人もいます。**

知り合いの女性に、妊娠したものの相手の顔も見たくなくなり、事実を知った男性は、自分が全否定されたような気になり、うつになりかけたケースがあります。

無事にもとのサヤに収まったのですが、男性はまさか「ホルモンのせいで自分が避けられた」とは思いもよらなかったので、医師と本人からそのことを知らされたときには安堵のため息を漏らしたとか。

男性に理解があったからよかったものの、そのまま別れ話に進んでいってもおかしくないほど「ホルモン」には、ある種のパワーがあります。

同じホルモンの影響で起きる「更年期障害」は女性ホルモンの不足を脳が感知して、ほてりやめまい、のぼせ、動悸などの身体的症状を覚えたり、気分が落ち込む、やる気がでない、物忘れ、不安などの心理的な症状を引き起こします。

発達障害は、脳のなかのある特定のホルモンの多寡が引き起こす症状です。

HSPは、発達しすぎた脳のなかのミラーニューロンが主な原因です。

PMSは、女性ホルモンが原因。

イライラするとか、落ち込むといった、自分の身体や心に起きる症状は、自分の性格や心持ちが原因だと思ってしまいがちですが、**自分を責めずに、脳というシス**

テムやホルモンが引き起こす症状だと割り切ることも必要です。

自分の身体は、自分であって自分でないような「脳という別のシステム」で動くこともあるのです。

自分の日常での困りごとを見極めたうえで、次回、「困った症状」が起きたら、「身体のなかの『困ったちゃん』がまたいたずらしている」「しばらくすれば収まる」と、自分の思考をコントロールしてみましょう。

気にしない練習③ 「困った」を見える化する

HSPや発達障害、グレーゾーンについての一般的な知識をある程度得たあなたが次にやることは、自分自身の「脳のクセ、偏り」を洗い出すことです。

自分の脳はどんな偏り、アンバランスさがあるのか。そして、それは生活でどんな困ったことを引き起こしているのでしょうか。

繰り返しますが、生きづらさや不安は、あなたの性格が原因で起こるわけではありません。それは遺伝や環境、心理的なストレスなどが重なって脳の機能不全が起きたからであって、認知療法などのように**確実に効果が上がる治療法はある**のです。**自分の症状は、必ず緩和することができる**と信じてください。

うまくコントロールできれば、日常の「困った」を引き起こしている特性や個性は、逆に素晴らしい才能になる可能性を秘めているのです。

実際、**人類の発達や歴史は、HSPや発達障害という才能を与えられた人たちによって担われた部分が大きい**とも言われているのです。

自分の持てる能力を自覚し、それをいかに使うかを考え始めたときから、状況は変わってきます。足りないところは、たとえば視力の弱い人が眼鏡をかけるように補えばいいのです。

読み書きの困難さを伴うディスレクシア（識字障害）の可能性があるのなら、音声やイラストなどを使って学ぶ方法や、パソコンのタッチタイピングで書いていく方法もあります。

過剰な部分は、それを抑えるためのトレーニングを、足りない部分はどんな道具を使えば補えるかを考えます。

そのためにも、まず、自分を知ること。この自分のクセや傾向を知ることを、「自己認知」と呼びます。そして、自己認知の最初の一歩として、「自分のトリセツ」を作ってみることをおすすめします。

気にしない練習④　自分のトリセツを作る

HSP気質であっても、発達障害の傾向を持つ人は、相手の発言の意図やニュアンスを理解しづらいのが特徴です。

そこで、そうした傾向のある私の場合は、自分なりのトリセツや辞書を作っています。これはHSPの人にも大事だと思っています。

たとえば「考えさせてください」という言葉は「断ります」という意味で、「考えて結果を出す」という意味ではないということを知りました。

「先に行って食事をしていてください」という言葉は、かなりの確率で「今日は行けません」という意味だということも覚えました。

企画などを提案したとき、相手が断らないけどケチを付けるのは、やりたいということだ、というのも私の辞書にあります。

こんなことは、多くの人は普通に理解していることでしょうが、発達障害のような気質の人にはわかりづらい。だから、こうしたトリセツを作っていつも外国にいると思って生活をするのが無難だと思うのです。

トリセツを作るときのポイント

ＨＳＰや発達障害で生きづらさを抱えた人が、その苦しさを軽くすることで社会的な自己実現を成すことはもちろん可能です。可能などころか、**いま感じている生きづらさ、苦しさを長所、武器に変えることもできる**でしょう。

ＨＳＰには才能ある人が多いのも事実です。そして、その才能を存分に生かすためには、自らの行動パターンのクセ、傾向を知っておくこと。

そのコツは次の通りです。

■身近な人に自分のクセや傾向をチェックしてもらう

「自分のクセや傾向を知る」のは、なかなか難しいものです。

たとえば、いろいろなことを悲観的に捉えてしまう傾向があるとしても、自分ではそれが「事実」だと思い込んでいるから、その傾向に気づけず、苦しいわけです。

「過集中」「執着気質」があるとしても、自分ではそれを特に困ったこととは捉えていないため、気づいていないことがあるでしょう。

ですから、身近な信頼できる人に自分の傾向をチェックしてもらい、自分のクセを知ることです。

■周りの人に自分のクセや傾向を伝え、協力してもらう

自分のクセや傾向のなかで困っていることがあったら、それを周りの人に伝えて

おきましょう。

敏感すぎるＨＳＰの人はとにかく疲れやすいので、職場でも静かな環境や一人になる場所が必要であることを知らせておくのです。

また、急ぎの仕事を安易に引き受けるとパニックを起こし、ミスが増えるかもしれません。ミスは避けたほうがいいのですから、そうした自分の傾向を伝えることでお互いよい結果になります。急ぎの仕事ができない代わりに、こちらをやりますなどと代案を出すことで相手のストレスも減るのではないでしょうか。

家庭でも、パソコンやゲームなどへの過集中が見られたら注意してもらう。家事一般が苦手でどうしてもできない場合は、「できること」と「できないこと」を相手に伝えることで協力を仰ぎましょう。

また、自分と似た傾向の人々の自伝を読んだりすることは、自分にも何かできるという励みになるでしょう。

■身近な人のトリセツも作る

現代社会では「バランスの取れている人」のほうが珍しい――これは前述した通りです。あなたを「変わった人だ」と決めつける相手のほうこそ、「変な人」かもしれません。あなたの周りの人にはどんな人がいますか。

嬉しいのに、素直に「嬉しい」と表現できない人がいます。

本当は優しいのに、表面的にはぶっきらぼうに見える人もいます。

体格がよくていかにも豪放磊落《ごうほうらいらく》に見えるのに、他者の声が大きいことや、声が高いことを耳障りと感じる人もいます。冗談の通じない相手もいます。

身近な人、大切な人、社会生活上、どうしても接しないといけない相手のトリセツも作ってみましょう。

その他、日常の「困った」への対処法

■機械的な対応でいいと割り切る

HSPは相手の言葉の裏を読みすぎる傾向があるので、相手の言葉をもっと単純に捉えるようにしましょう。

発達障害に多い「空気を読むのが苦手な人」の場合は、深くつきあう必要のない相手には、以下のような機械的な対応でいきましょう。

相手の話したことに対して、あまり言葉を多く返す必要はありません。とにかく「ありがとう」と「申し訳ありません（すみません）」、加えて朝夕の挨拶をきちんと言うだけにするのです。

この機械的な対応というのは、とても効果があります。なぜなら、ほとんどの人は、表向きのマナーがしっかりしているだけで、少なくとも不愉快に感じることはないからです。

■メモ魔になる

トリセツとは別に、メモをまめに取るようにして、大切な用事や日付、人の名前、仕事の手順などを思い出しやすくし、スムーズに事を進められるようにしておきます。朝起きたときや、出かけるとき、仕事に入る前など、タイミングを決めてメモに書いてあることを確認しましょう。

このメモを取ることは、非常に重要、かつどんな人でも役に立ちます。

神経と気質の問題と捉える

たとえば、「わけもなく落ち着きがなくなる」「原因は思い当たらないのに不安になる」。

こうした状態は神経、脳内物質の問題です。

「人から何かを言われて落ち込む」「人に振り回されて苦しい」。このように明確な原因がある場合はミラーニューロンのせい、相手の言動に過度に反応しすぎているせいだと考えるようにします。

実際、脳のシステムを調節しているのは、ドーパミンとノルアドレナリンです。ドーパミンは何かに注意を向けるときの潤滑油のようなもので、それが足りないとなかなか注意したいものに意識をシフトできなかったり、過集中という高いギアが入ったままになったりするのです。

これを調節するためには、瞑想、マインドフルネス、そして運動（それも激しい運動）が効果があります。

瞑想は、ストレスホルモンのコルチゾールを減少させ、脳がストレスを感じても、それを神経系に伝えることをストップさせます。そのため不安や恐怖を軽減させます。また、運動には脳内の潤滑油であるドーパミンを増やす効果があります。

「自分で解決できる問題」と「共存するしかない問題」を区別する

いくら自己認知を深めていっても、目の前に起こる問題（困ったこと）には、自分の努力や対処法で解決できないケースもあります。

共存するしかない問題の主なものは、脳の機能障害から起きる困ったことです。これらの症状は、自分一人で解決するのは困難ですから、専門家に頼りましょう。

自分一人ではどうにもならないことがあると知ること。そうしたことも含めての「自己認知」なのです。

■欠点ばかりにとらわれず、長所や得意分野を中心に考える生きづらさを抱えている人は、自分のマイナス面ばかりを見てしまう傾向があります。

プラスとされていることにも必ずマイナスの側面があるように、マイナスとされていることにもプラスの面は必ずあるものです。

また、この世界は、多様性というカラフルさがあるからこそ、わくわくするのです。世界は白と黒というモノトーンだけでできているわけではありません。

自分は「特別な色だ」と認識してみましょう。この色を使って、どんな景色が描けるだろうかとイメージしてみてください。

「困った」の例とその対処法

基本的な症状への対処法をご紹介しましたが、これらの症状は日常生活のなかでどのような「困った」こととして現れるのでしょうか。

ここでは発達障害のなかのADHD（注意欠陥症）とアスペルガー症候群のグレーゾーン、HSPについて述べていきます。

対処法①　人とうまく付き合うことが苦手ならどうする？

職場、仕事関係で人に対するときのための、簡単なマニュアルを作っておきます。一番便利な言葉は、「ありがとうございます」と「申し訳ありません」です。

仕事が終わったら、あるいは何かお願いしたら、それを当然と考えず、まずは、**「ありがとうございます」**と口にしましょう。

ミスをしてしまったとき、「ミスを訂正しました」と事実だけを述べるより、「ミスを訂正しました。今回は申し訳ありませんでした」と添えることで、相手の気持ちはかなり緩やかになります。

終業時間がきて退社するときに「お先に失礼します」と言う人は多いでしょうますが、「ありがとうございました。お先に失礼します」と一言、「ありがとう」を添えるだけで人間関係がより円滑になります。シンプルながら大きな効果がある魔法の言葉です。

「おはよう」という言葉にも、同様の効果があります。

「おはよう」という言葉自体には何の意味もありませんが、会った瞬間、あなたと会えてうれしいです、と言外に言っているようなものだと思えばいいでしょう。

普通の人が挨拶に続けて、「いいお天気ですね」「今日もよい日だとよいですね」と延々と会話するのは、近づきたいという気持ちの表れだと思いましょう。

ですが、才能のある人はHSPである場合が多いので、**挨拶に続けてあまり意味のある言葉や、意味のあることを話すと、その言葉の内容を、瞬時に多角的に考察してしまい、結果的に相手が何を考えているのか不安になります。**

そういうときに便利なのが**オウム返し**です。日本では、相手の言葉をそのまま繰り返すことは相手への好意、敬意を表しているという共通認識があり、その風習はいまも大きく残っています。

ですから、あまり意味のない、しかし相手と同じ言葉を繰り返すことで、相手の気持ちを近づけたいという意図は達成できます。挨拶や雑談で困ったら、とにかくマニュアル挨拶とオウム返しと覚えておきましょう。

対処法② 片付けが苦手で、散らかり方がひどいときは?

片付けができないことで一番困ることは、必要なときに必要なモノが出せないことです。

出勤のときに鍵やスマホ、ICカードが見つからない! そういったことが頻繁に起こるようなら、**出勤用のボックスを作っておいて、帰ったらその箱に必ず入れる**ようにします。そして、入れ忘れがないように、玄関などに紙に書いて貼っておきましょう。

翌日、スムーズに出勤できたら、そのときの気持ちよさをしっかり頭に刻みつけます。

その気持ちよさを、たとえばバッグの中の整理、引き出しの整理、部屋の隅に山積みになっている衣類の整理……というふうに広げていきます。

細かいグッズ、たとえば爪切りなどは、引き出しの目につくところに、そこに入っているものを書いて貼っておくといいでしょう。必要なときにサッと出せると、とても気持ちがいいとわかり、仕舞うときにも「これはこの場所」とわかるので安心です。

最近は片付けがブームで、何もかもきれいに片付いている部屋が雑誌やネット上をにぎわせていますが、**あれは撮影用のかなり特殊な例**と割り切って、プレッシャーを感じないようにします。

いくつか部屋があれば、片付いた部屋を一つだけでも作っておくのもいいでしょう。リビングなど人が集まる場所だけでも片付いていると、気持ちが落ち着きます。

自分で片付けるのが難しいときは、プロに頼んでもいいのです。最近はこの手の仕事を受けてくれる人が増えています。

対処法③ 他人の言葉やネット情報などをすぐに信じてしまう人は？

自分と他人との境界線が薄い人は、ネットの情報や人の言葉をそのまま信じてしまう傾向があります。いわゆる「他人に振り回される人」ですね。

私自身、若い頃に、ある権威ある人から「邪念を持っていては何もできない。自分は何も持っていないというところから始めなければならない。その覚悟はあるか」と問い詰められ、羨望、欲望といった邪念だらけの自分は「仕事をする資格はない」と思いつめてしまった過去があります。

すでに大学病院の医者になっていたにもかかわらず、「もう一度医学部を受け直そう」とまで考えてしまったのですが、幸いにも妻がそれをとめてくれました。

その権威ある人の言葉は正しかったのかもしれませんが、問題は、私がその言葉をすべて自分のこととして捉えてしまったことです。

「あなたはこうだ」「あなたの考えは変わっている」などといった、相手の価値観をそのまま受け入れてしまうがために、自分の人生が混乱する――これが、「苦しい、困った」の真の原因なのです。

実は、**人に自分の考えを押し付けるその人自身もまた、「偏った」考えを持っている可能性は高い**のです。アンバランスではない人のほうが少ないのだ、と割り切った考えをすることは必要でしょう。

つまり、「他人と自分は違う」ということです。

相手が誰であろうと、どんなに権威ある人が言った言葉だろうが、**他人の言葉は単純に「自分以外の人」の人の、その場限りの「息」みたいなものだとスルーしてみましょう。**

■万が一、信じてしまったら

人の言葉の裏にあるものを読み取れないまま、相手の言葉を信じてしまうことがあったときは、どうしたらいいでしょうか？

相手の言うことに従順に従うので、大人しくいい子だと言われて育ってきた人に多いケースです。1章のケース④で挙げたD子さんがまさにその例です。

積極的な相手に対しては「自分はこの人に好かれている」と感じ、相手に指図されるがままに行動したり、相手の下した自分への評価をそのまま信じたりしてしまいます。

「あの人は嫌な人だ」という、相手の他者への非難もそのまま鵜呑みにしてしまうため、本来自分にとって大事な人であるにもかかわらず避けたり、交流を断ったりしてしまうこともあります。

女性に限らず男性にもこのタイプは見られ、積極的に相手に迫られると断り切れず、あとでストレスを感じることもあります。

こうした積極的で主観的な人から誘いを受けてしまったら、**まずこの人と本当に話がしたいのか、一緒にいたいのかと自分の気持ちを確かめてみましょう。そして、断るときにはきっぱりと。多少、相手に失礼になってもＯＫです。**もし相手が本当にあなたのことを好きで、大切に考えてくれる人であれば、あなたの態度を理解してくれるはずだからです。

対処法④ わずかな汚れが気になりすべて捨てたくなったら？

神経症的な症状ではありますが、HSPにもよくみられる症状です。HSPの人には、一度目に入ると、その映像が目（脳）に焼き付いたまま離れなくなる視覚優位の傾向があります。

汚れだけでなく、それがカラフルなものだったりすると、それらが脳に反応してすべてを捨てたくなることもあるでしょう。

自分に視覚優位の傾向があるとわかったら、その優位を生かして、美しいもの、心休まる景色、好きな絵画や森などの自然の風景を思い浮かべましょう。美しい景色などで脳を塗り替えるのです。

これは音や匂いなどでも同じです。嫌な音からは逃げて、気持ちのいい音楽や癒やしの音を脳内に流すのです。五感が敏感な人は、それらに関しての記憶力も高いので、美しいもの、気持ちのいいものに数多く接していれば、それを思い出すことにそれほど困難はないのです。

対処法⑤ 思ったことをすぐに口にすることで発生する人間関係のトラブルには？

思ったことをすぐに口に出す傾向のある人は、頭に浮かんだ言葉を口にすることで相手がどんな気持ちになるか、あるいはどういう状況になるのか予測ができないわけですね。

「今日の洋服はあなたに似合わないわね」「ちょっと最近太った？」「老けたんじゃない？」などと気軽に口にするのは、「似合わない」「太った」「老けた」という言葉が「ネガティブ用語」で、たいていの人が言われたくない言葉であることがわからないからです。

男性の発達障害の人のなかには、一方的に相手の人格を否定してしまう「モラハラ」的な傾向が強い人がいます。社会的な地位の高い人のなかには、自分の「モラハラ言葉・要素」に気づかない人も多く、職場で問題となって初めて自分の傾向に

気づく人もいます。

高い地位になるほど、自分の傾向をつかむことは大きなリスクヘッジになります。

頭に浮かんだことを心の中で一度反芻してみる、それを口にすることでどんなことが起きるのかを想像してみる。そういった脳内シミュレーションをすることは、より慎重な自分を作るレッスンになります。

社会的なネガティブワード「太っている」「痩せすぎよ」「老けてみえるね」などの人の身体的特徴に関する言葉をはじめ、「バカじゃないの」「ダメな人ね」「絶対に許さないから」といった、相手を不愉快にさせる否定的な言葉を「自分トリセツ」ノートに書いておきましょう。そして、「頭に浮かんでも、口に出さないほうがいい要注意用語」として覚えておくのもよいでしょう。

自分では悪意がない、悪い意味で使うわけではないと思っても、相手がそう思う可能性は低いのです。

対処法⑥ 頭のなかに感情が溢れ、休まらないときは？

ＡＤＨＤ（多動症障害）のほか、ＨＳＰにもよくある傾向です。現代人の多くはこの傾向があるといっても過言ではありません。スマホ、次々と変わるテレビ画面、人ごみ、スピードが求められる現代では、仕事や家庭でも次々とやるべきことが出てきますから、せわしなく感じる人が増えるのは当然です。

また、そうした媒体のコンテンツは、視聴者の注目を集めるためにショッキングな内容や、他人との比較心を煽るようなものが多くなっています。

そのため私自身、他人との比較心や羨望の念が煽られ、一時は何を見ても、またどんな人と会っても、「この人はこんな点が優れている、それに引き換え自分は……」とマイナス思考で溢れんばかりになっていました。

こうした負のスパイラルにハマってしまうと、その輪から抜け出そうとすればするほど、もっとネガティブなことを考えるようになってしまいます。

ネットは必要なとき以外は観ない、眠る2時間前からは開かない、テレビはなるべく観ないなど、情報を意識的に遮断することが必要です。

何より効果があるのは、「ぼんやりタイム」を作ることです。瞑想やマインドフルネスも有効ですが、それ以上に簡単で効果があるのが「ぼんやりすること」です。詳しくは6章に記しますので、参考にしてください。

対処法⑦ 高学歴なのに自己肯定感が低い人は？

不思議なことにこういう人は多いのですね。私自身、最高の学歴とは言いませんが、有名私立大学の医学部を出てアメリカに留学をしており、「特に劣等感を持つ必要はないじゃないですか」と言われたことは何度かあります。

しかし、こういう人は他者と比較しやすいのです。

彼らは、いくつもの競争を勝ち抜いてきました。つまり、常に「自分が他人より優れている」と自負して生きてきた人です。それゆえ、自分より優れた人が出てくるとアッサリ「自分はダメだ」と劣等意識を持ってしまうのです。

周囲が「高い」と、相対的に自分の位置は低く見えるのです。

劣等感とは、「これが自分の劣る部分だ」と**自分で決める、主観による思い込み**です。だからこそかなり背が低くても劣等感を持たない人がいる一方で、特に背が低いわけでもないのに劣等感を持つ人がいるのです。

「比較」にはキリがありません。自分にないものを探して自分を貶めるより、今、自分が何を持っているかを再確認しましょう。


フランスの有名な哲学者レヴィ＝ストロースは、「ブリコラージュ」という生き延びるための方法を提唱しています。

「ブリコラージュ」とは、寄せ集め、修繕という意味。つまり、いま手元にあるものを使って何かを作る、ということです。

自分がいま持っているものがどんなに貧弱であろうと、そこから始める。持っていないものに憧れ羨望を抱いて自分を壊していくより、手元にある材料を使って自分がどこまで行けるかを試してみてはいかがでしょうか。

対処法⑧ 何事にもビクッとしやすく、気が小さい人は？

「気が小さい」と言われて気に病むのは、世間では「気が強い」「気が大きい」ほうがタフで良いとされていて、あなた自身もそう思い込んでいるからです。この価値観に左右される人は多く、子どもの頃に「男なんだから泣くな！」などと言われて心が委縮していった人は多くいます。

なぜ「気が強い」ことがよいとされるのか。

それは競争社会では、「気が強い」ほうが相手に対する威嚇効果で優位に立てるとされるからです。サル社会などまさにそうですね。

しかし、「優位に立つ」ことで、どんないいことがあるのでしょうか。

人と比較して一時的に優位に立てたとしても、その後の人生でも、その優位な状態が続くとは限りませんし、一度優位に立った人は、少しでも立ち位置が変わると「自分はダメだ」と思ってしまう傾向があります。

つまり、「強く見えている」彼らもまた、弱いのです。

でも、弱くていいのです。

弱さは武器にもなるからです。繊細であるがゆえに、ものの本質を深く理解できます。

かつてビートたけしさんは「強さとは鈍感さだと思う」と言っていました。鈍感だからできることもありますが、弱さを持った人は、繊細さを生かしてそれ以上にできることが数多くあります。強さが鈍感さだとすれば、弱さは鋭敏さでもあるのですから。

あなた自身の弱さと同時に、周りの、特に子どもの弱さを認めてみましょう。男の子のなかには、この世界の「強い者が勝つ」神話に押しつぶされてしまう子もいます。

対処法⑨ 雑事が不得意で細かいミスが多い人は？

このタイプには、主に次の3タイプの人がいます。

① 子どもの頃から雑事は親や周りの人がやってくれた。
② 雑事にはあまり価値がないと思わされて育ってきた。
③ 病的に片付けや料理などの細かいことができない。

どのタイプであれ、困っているということは、雑事を「やらなくてはいけない」「やらなければ前に進めない」状態に陥っているわけですね。

その場合は、まずは**基本的なことをじっくり、ゆっくり、やること**から始めてみましょう。仕事に関する雑事は、得意、不得意を分けてみます。

得意なことは放っておいてもできるわけですから、不得意な分野で、どうしてもやらなければ前に進めないことは何かを考えてみます。

デスク周りの整理、上司への報告、日誌、書類作成……。

これまでどんなミスが多かったかを思い出し（電話での応対、コピーの取り忘れ、上司への報告、記入モレや間違いなど）、ミスが重なるようなら、「電話での応対は苦手なので」など周りの人に応援してもらう。

上司への報告には「報・連・相」（ほうれんそう）」に気を付け、必要なことはいつも見える場所に書いておくなどして、「苦手なことがあれば相談」してアドバイスをもらえるようにします。

電話が苦手な人でも、今はスマホやパソコンという便利なものがあります。ラインやメールなどでとりあえず「報・連・相」をしておく。場所や所要時間の確認、行き先のイメージをあらかじめ見ておく。書類は雛型をつくり、なるべくそれを流用する、メモやアラーム機能などを使うことで苦手を軽減することもできるのではないでしょうか。

3章　まとめ

- わけもなく突然襲ってくるさまざまな症状は、性格や精神力の弱さのせいではなく、脳内機能＝ホルモンの不足や過剰のせいと割り切る。
- 人によって症状はいろいろなので、うまく対応するために一番大切なのは「自分」の脳のクセや傾向を知ること。紙に書き出すなどして「見える化＝視覚化」するのが有効。
- 自分や周りの人のトリセツを作る。
- 人とのコミュニケーションに困ったら、「ありがとう」「お先に失礼します」「申し訳ありません」のマニュアル用語で切り抜ける。
- 「太っているね」「老けたね」「バカじゃないの」「ダメな人ね」などのネガティブワードは口にしない。
- 雑談に困ったら、相槌と相手の言葉をオウム返しして乗り切る。

4章

「人と違っている」ことが素晴らしい

——HSPも発達障害も、才能の宝庫！

他人と違っているからこそ輝く

２０１９年にＴＩＭＥ誌の表紙を飾り、世界中から注目を集めたスウェーデンの16歳の少女、グレタ・エルンマン・トゥーンベリさん。彼女はたった一人で地球温暖化対策に取り組みはじめ、今では国連にも招かれ、大人たちに警告を発しています。

グレタさんは自らを「アスペルガー症候群」であると公言し、その症状を「スーパーパワー」と呼んでいます。

たった一人でストライキを始め、公共の場で大人たちに向けて強烈なスピーチをするなど、その行動力は確かにスーパーパワーです。

発達障害やＨＳＰは、そのエネルギーの出口を見つけると、とてつもないパワーを発揮するのです。

この章では、発達障害やＨＳＰ、グレーゾーンの方も含め、その優れた面、それもとてつもなく優れた面があることを取り上げていきます。

天才型アスペルガー症候群はスーパーパワーの持ち主

「この世界は発達障害の人たちがつくった」という人がいます。

彼らは好きなことをとことんやり続ける能力を持ち、アイデアを次々と思いつきます。そして既存のルールや常識にもとらわれることなく、各方面でイノベーションを起こしてきたからです。

誰もが知る天才物理学者アルベルト・アインシュタインは、「ものを覚えることがとても苦手で注意力に欠け、他人には無関心」な傾向を持っていました。5歳過ぎまでほとんどしゃべれず、学校生活にも馴染《なじ》めず、自分の家の電話番号も覚えていなかったと伝えられています。

彼は、「自宅の電話番号も覚えていないの？」と非難されると、「調べられるものをいちいち覚える必要はない」と答えていたそうです。

確かに自宅の電話番号より大事なことはたくさんあります。実際、アインシュタインが興味のあることに取り組むときの集中力はものすごいもので、その集中力のおかげで有名な「相対性理論」を確立するに至りました。

これは、それまでの科学の常識や既成概念にとらわれなかったからこその発見です。相対性理論以前と以後では、物理学はもとより世界観、宇宙観がすっかり変わってしまったと言われるほどの偉業を成し遂げたのです。

モーツァルトも、ゴッホも、コナン・ドイルも

音楽史史上最高の天才とも称されるヴォルフガング・アマデウス・モーツァルト。

彼もまたアスペルガー症候群であり、かつ、ADHD（注意欠陥多動症）でもあったと言われます。

おしゃべりで軽率、辛辣（思ったことをすぐ口にする）、手足は常に忙しく動いていたといい、ピアノの演奏中に飛び上がり、オーケストラのなかに飛び込んだと

の逸話も残っています。エネルギッシュで独創性、直観力に優れ、音楽については粘り強く、勤勉で不屈な取り組み方をして数々の名曲を残しました。

代表作『ひまわり』などで、それまでどんな画家も使うことのなかった色使いを見せた天才画家フィンセント・ヴィレム・ファン・ゴッホも発達障害の仲間でしょう。穏やかで調和的という、当時の人たちが当たり前としていた日常に満足できなかった彼は、周りの人たちとの口論が絶えなかったと言います。

牧師、フランス語教師などいくつかの職業を経験したあと、26歳で画家になる決意をしたゴッホは絵に取りつかれ、短い期間に膨大な、そして偉大な作品を次々と残しました。「健康の維持など問題ではない」と、熱に浮かされたように絵を描きつづけたことはよく知られています。

作家では、『シャーロック・ホームズ』シリーズでおなじみの作家コナン・ドイルです。もともとは医師だった彼は、小説の中で「140種類のパイプ煙草や葉巻、紙巻タバコの灰に関する論文」をものにしたことをホームズに語らせていますが、そうしたこだわりはドイル自身のもので、この細かいことにこだわる傾向を生かして作家になり、大成功を収めたのです。

並みの人が見逃してしまう細部への関心、日常的な感情や習慣。加えて常識に曇らされない観察眼、記憶力、推理力が加わり、次々と事件を解決していきます。

シャーロック・ホームズ小説の面白さは、ディテールにこそありますから、彼がアスペルガーでなかったら、これらの小説は人からは振り向きもされない凡庸なものになっていたでしょう。

女優も、脳科学者も、作家たちも

さらには、女優、司会者、エッセイストとマルチタレントの走りとも言える黒柳徹子さん。彼女は、子どもの頃から「衝動的で落ち着きがなく」、窓の外にチンドン屋が見えたら教室から出ていったり、知りたいことがあると先生を待ち伏せして質問攻めにしたりします。これはむしろいいことだと思うのですが、当時の先生は煩《わずら》わしく感じたのでしょうか、困った先生は、「お宅のお嬢さんがいるとクラスの迷惑になります」と3カ月で退学させてしまいました。

それで黒柳さんは、トモエ学園という学校に通うことになります。この学校の自由な校風のおかげで、徹子さんはのびのびと毎日を送れるようになり、「困った」とされていたことを「かけがえのない個性」の輝きに変えることができたのです。

このエピソードは、アンバランスさや偏りは、環境によって、欠点から、長所や輝きを持った個性に変わることを象徴的に示しているケースです。

脳科学者の茂木健一郎さんは、小学校の初日から椅子に座っていることができない（多動性）子どもだったそうです。大人になっても会議や資料の存在意味がわからず（雑事が苦手）、人の言葉も、自分の興味のあること以外は覚えていないと言っています。彼は「障害はその他の能力で補えれば問題がない」と述べています。

作家の市川拓司さんは「偏りこそがぼくの個性、そう認めた瞬間、人生が輝きはじめた」とその著書で述べています。

「人間関係を築くノウハウが欠けているとしても、そのことで観察力、小説や架空の物語、またはそのほかの創造的な文学形式で人間関係を描写する能力が疎外されることはない」と語っています。

そして、前述したグレタ・エルンマン・トゥーンベリさん。彼女は8歳のときに気候変動について知り、ではなぜ対策が行われないのか理解に苦しみ、落ち込みました。

それが原因で無気力になり、食事をしない症状が続き、最終的にアスペルガー症候群、強迫性障害と診断された経緯があります。その診断が「以前は私を縛っていた」と認めながら、現在ではアスペルガーを病気とみなさず、「スーパーパワー」と呼んでいるのはすでに述べた通りです。

私は、彼女はまた、選ばれたＨＳＰの一人でもあると思っています。

なぜなら、人類の危機を素早く察知し、多くの人に警告を出している「炭鉱のカナリア」の役目を果たしているからです。

前アメリカ大統領、ドナルド・トランプ氏もアスペルガーではないかと言われています。彼に関しては好き嫌いや評価はいろいろあると思いますが、**ビジネスで成功し、大統領にまで上り詰めたのは間違いのない事実**です。

やはり、方向さえ定まれば、発達障害の人たちは、すごいパワーを発揮するのです。

HSPの繊細さは、素晴らしいものを生む

では、HSPと思われる人たちはどんな人たちでしょうか。

HSPは病気ではありませんし、むしろ優れた気質の持ち主、選ばれし人だと私は思っているので、推測で名前を挙げるのをお許しいただきたい。

たとえば、シンガーソングライターの宇多田ヒカルさんや作家の又吉直樹さん、村上春樹さんがいます。彼らの才能——大自然のリズムや人の心の機微を、魂をゆさぶる音楽やストーリーとして、多くの人の心を癒やす商品に昇華する才能には、驚かされます。

村上春樹さんの小説には、この傾向を持った人たちが大勢出てきます。

「ここには私たちのほかに誰か（何か）がいるわ。それを感じる」（『ダンス・ダンス・ダンス』講談社）というように超常現象に敏感だったり、ディテールへの興味関心が強い。そして、いつもびくびくしていたり……。ほとんどの登場人物はこのような傾向の持ち主といっても過言ではありません。

『変身』などで知られる20世紀の偉大な作家の一人、フランツ・カフカは典型的なHSPだと思います。

彼は普通の人が無視して見ないようにしている自分の弱さをとことん感じることで、作品をものにしてきました。鈍感な人がまだ安全だと思っている場所に危なさを感じ、それを作品のなかで描いていったのです。

多くの人が闘っている

もちろん、ここに挙げた人たちはほんの一例にすぎません。多くの才能ある人たちがHSPの傾向を持っています。というか、**「繊細さ」や「弱さへの共感」がなければ、芸術や創造など表現の分野で成功するのは難しい**のではないでしょうか。

私自身、長い間、周囲の人の言動や顔色に振り回され、常に他人を気にしながら生きてきました。人と自分の境界線が薄いうえに、過去と現在の境界線も薄いため、突然過去の行為が激しい後悔となって襲いかかり、眠れないほどの羞恥と苦しさに苛《さいな》まれることもたびたびでした。

HSPの二次症状とも言うべき「うつ病」にも長年苦しんできました。「どうして自分だけが、こんな苦しみに苛まれなくてはならないんだ」と、何かを恨む気持ちを抱いたことは何度もあります。

自分以外の人間は悩みなど持っていないように見えました。

実際、同僚のなかには「怖いものなんかない」「メソメソしている情けないヤツがいる」などの言葉をおおっぴらに口にする人もいましたから、それを私への当てつけと感じ、ますます自己嫌悪に陥っていくという悪循環の日々を過ごしていたのです。

ところが、「あなたのように苦しみを持っている人は、ほかの人の気持ちもよくわかるはずだ。悩みのない人はほかの人の苦しみがわからない。でも、実際に悩みのない人、苦しみのない人がいるんだろうか」と、ある人から言われたことでハッとしました。

自分の苦しみや悩みは意味のないことではない。悩みを抱えて苦しんでいるのは、それをどうにかコントロールしようともがいているからである。多かれ少なかれ、他の人も皆悩んでいるのなら、私の経験が他の人の苦しみや悩みを少しでも和らげることに役立つかもしれないと思えました。その現実的な表れとして、こうして本まで書かせていただくことができるようになったのです。

多くの作家や芸術家は世に出るまでに、あるいは世に出てからも、私と同じ、いやそれ以上の症状に悩まされながら、それをコントロールしつつ、活動を続けているのでしょう。

一見、悩みなどないように見える人、あなたが羨ましく感じている人も悩みと苦しみのなかで戦っているケースは多いのです。

「他人と違う自分」こそ偉大な長所

自らをアスペルガー症候群やＡＤＨＤやＨＳＰとは気づかないまま、素晴らしい業績を残す人がいます。

一方、自分はアスペルガー、ＡＤＨＤ、あるいははＨＳＰであると気づき、その症状に翻弄《ほんろう》されながらも、それをコントロールする術を見つけ、自らの傾向を長所に変えることで、やはり偉大なことを成し遂げた人たちもいます。

要は、**今抱えている「困った」が長所になる道、かけがえのない自分が持ってい**

るクセや傾向を生かせる道を探せばいいのです。

これから述べるのは、他人と異なる感じ、人間関係や片付けなど、毎日の生活の一つひとつに躓《つまづ》いている人たちが、どうしたら能力を発揮できるかという提言です。

3章で具体的に述べましたが、発達障害の難しいところは、症状が人によって違う、ときには人によって正反対の症状を示すことです。

たとえば周りに一目置かれる特技を持つ人のなかには、敬遠されながらもいじめには無関係にやっていける人がいる反面、いじめのターゲットにされてしまう人もいます。

敏感なHSPタイプもいれば、特に敏感性はない人もいます。グレーゾーンの人たちは、発達障害やHSPの顕著な症状がないのに、それらが混ざり合っているために、また固有の困り事を抱えています。

しかし、そうした**自分自身のクセや傾向がなんであれ、それは本来、決して「困ったこと」ではないこと**、そして、**それが武器となって良い方向に進む無限の可能性があること**をまず知っておきましょう。

「他人への無関心」が武器になるとき

親の社会的地位が高い家で育った子どもが、進学して有名校に入った後に挫折し、引きこもりになったり、事件を起こしたりするケースがあります。

息子を殺めてしまった農水省の事務次官に私は会ったことがありますが、彼は東大法学部を出たエリート官僚です。その息子は有名な受験校に入ったのですが、そこでさらなる俊英に出会い、劣等感を持った可能性はあります。

長くいじめに遭っていたという報道もあります。この事件の原因が親への劣等感だったかどうかはわかりませんが、デキのいい親や兄弟に対する劣等感が悲劇を生むケースはよくあります。

大阪の交番で警官を刺した男性の親は、テレビ局の重役でした。山形の女医殺人事件の犯人は山形大学の学生で医師の息子でしたが、医学部に入れませんでした。

両親が医師であるのに、その子どもである自分は医師になれず、うつ病になってしまった例、そして弁護士の息子で落ちこぼれて引きこもりになった例など、枚挙にいとまがありません。

中学までは極めて真面目で成績もよく、クラスの人気者だったという少年が、高校で落伍していく例もあります。性格に偏りがあってコミュニケーションがうまくいかない場合には、少し成績が悪くなるといじめに遭い、学校が苦手になるケースも多々あります。

いずれの事件も本当の原因はよくわかりませんが、その根底に「他人との比較」から生まれる「自分へのダメ出し」のようなものがあるような気がします。

その視点で言うと、発達障害の中には他人への関心が薄いケースもあり、そうした人だと他人と比較すること自体が少ないですから、他人より劣っていると自分を責めて落伍することは少ないようです。

このことは非常に大事で、**他人とのコミュニケーションが悪いことが救いになることがある**のです。

彼らは世間一般にいう「権威」にも左右されません。ただしそれは、「反権力」とか「威張る人が嫌い」といった思想や好き嫌いによるものではありません。**彼らは権威のある人の影響を受けないのではなく、どんな人の影響も受けない。**つまり他人はどうでもいい。その他人のなかに「権威のある人」も入っているだけです。そのためにいじめに遭うこともありますが、それを超えて「好きなこと」に熱中できれば、他人の自分への評価、悪口は無視できる、というか自然にスルーしているのです。

一方、HSPは、権威のある人や、人からエネルギーを奪う「エネルギーバンパイア」なる人に敏感に反応し、最初こそ彼らに振り回され体調を崩すこともあります。ですが、そうした傾向があると自覚できれば、自分を振り回す人たちをうまく避けて通ることができます。

島国で村社会的な構造を持つ日本は、「他人がどう思うか」「世間がどう見るか」が個人の言動を規制し左右する判断基準になっている国です。

つまり自分と他人を比較したり、比較されたりするのが普通の環境であるため、真面目で従順な子どもほど落伍し、引きこもりになるのです。

多少、他人の言動に無関心でいるのは、現代ではむしろ必要な知恵になってきたようです。

常識に縛られない――夢を実現する粘り強さの秘密

子どもの頃に夢見たことを、多くの人は諦めてしまいます。

育っていく過程のなかで、「そんな夢は実現するはずがない」「そんな大それた夢みたいなこと考えないで」と言われたり、自分でもそう思ったりして、夢を捨ててしまう。

「いや、そんなことはないよ」と思える人は、「常識」という縛りから自由な人でしょう。**夢を実現した人の多くは、「そんな夢は実現できるはずがない」という大人たちの、ある意味〝賢明な忠告〟を無視できた人です。**

しかし、無視できた人たちの意志が特別に強固だったとは思いません。おそらく、彼らの多くは、自分の好きなことにただただ熱中していただけではないでしょうか。

漫画家、作家、映画監督、俳優、画家……。

そうした夢を叶えた人たちの多くは、「自分には才能があるのだろうか」と悩みもしなかったはずです。ただ自分のなかにあるパワーやエネルギーが求めるがままにやっていただけだと思うのです。

世間的にはどんなに非常識で確率が低いことでも、そうした常識や確率を考えもしないからこそ実現できることがあるのです。

迷いがないからこそ、何年、何十年と同じことをやり続けられる粘りが生まれる。気づいたときにはすでにやっていた――そうでないと成し遂げられないこと、それをやれるのが、「空気が読めない」がゆえに世間の常識にとらわれない発達障害の人だったりするのです。

こういうことが、他人と違う「困ったこと」を強みに変える、ということではないでしょうか。

大谷翔平はどの分野にもいる

私たちは、常に競争にさらされています。高校で落伍しないで一流大学に入ったとしても、そこには自分より優秀と思える人がいくらでもいます。

私自身も、世間的な基準で見れば優秀な子どもの部類だったかもしれませんが、自分で頭がいいと思ったこともなければ、器用さも持ち合わせていませんでした。

大学の医学部に入ってからも、おそらく自分より優秀な人のほうが多かったと思いますが、自分のこの敏感な性格をどうするか、どこに生きがいを求めればいいのかなど、自分のことで精一杯で、他人と自分を比較する余裕などありませんでした。

今思えば、人と比較する余裕もなかったことが非常によかったと思っています。

その後、病院に勤めるようになってからは、他人と比較してダメな自分をなんとかしようと苦しみ、一時はうつになってしまいました。今では、そうした他者との比較が、どれだけ無意味なことだったかと、わかります。

多くの子どもは、自分より優秀な同級生に出会うと、とてもかなわないと恐怖心をいだき、不安になり、ときに不登校や引きこもりになります。

このような子どもたちや引きこもってしまう人たちに言いたいのは、「どの社会にでも大谷翔平や藤井聡太はいる」ということです。

自分より明らかに優れている人がいるとき、彼ら彼女らと同じことをしていてはとてもかないません。**彼らがやらないこと、できないことで自分が他人よりできることを探すことが、自分を輝かせることにつながります。**

大相撲で人気の炎鵬は、素晴らしいですね。あのように小柄の力士は、自分より大きい力士ばかりの社会に入ったら、大きい力士たちにはできない、自分だけの取り口を開発して対抗するしかない。それを見事にやってのけています。

仕事でも、特別優秀でもないのに目立った業績を上げる人というのは、**他人が気**

づかない方向に活路を見出すことができた人です。

性格に特別な偏りや傾向を持っている人は、他人が気づかないことに気づき、物事のディテールに興味、関心が向くことが多い。そんな人は、いま、自分の興味の向いている方向が他人と違っていることに悩まないでください。

むしろ、他人と違うからこそ、そこに活路があるのだと考えてください。**新奇追及型の人は既成概念に捉われず、新しいものに惹かれるのでアイデアに優れ、イノベーションを起こす可能性が高いのです。**

株式投資の有名な格言に、「人の行く裏に道あり花の山」とあります。多くの人が歩かない裏道にこそ、美しい花が咲いています。

自分の言葉に突然相手が怒り出すのはなぜ？

発達障害の性格を持った人は、何を言ったら相手が傷つくか、嫌がるかということがわかりづらい（空気が読めない）傾向にありますから、全く意図せずに相手に嫌な思いをさせてしまうことがあります。

私が浜松医大の教授になってからも、私の発言に同僚が怒りだし、困ったことが何度もあります。

私のほうに不適切な発言があったと私自身が理解しているのなら謝ることもできます。しかし、多くの場合、相手がどうして怒ったのか、私にはどうしても理解できないのです。ですから、わけもわからず相手が怒りだしたという印象を持ちます。

あるとき、内科の教授夫妻と食事をしていたら、突然、教授である旦那のほうが怒り出したことがありましたが、私はあっけにとられるしかありませんでした。

また、ある委員会で、私の学長への発言が学長の怒りを買ったこともありました。そのときも学長の怒りの理由がわからなかった私は唖然としたのですが、そのとき別の教授が「ああそうか、わかった」とつぶやいたのです。

どういうことかというと、彼も私の発言に怒りを感じて我慢したことがあったのを思い出して、そのときの学長と私のやり取りにピンときたようなのです。

つまり、相手は私の真意とは違う意味を受け取って怒っている。それが自分の経験からわかったと言うのです。

同じ言葉でも、相手によって善意にもネガティブにも取られる可能性がある。私に偏りがあるように、相手にも偏りがある。

「偏り」は、発達障害や超敏感体質でなくても誰にでもあり、それは劣等感、思い込み、偏見、生育環境によっても変わってきます。

それを理解していれば、相手が自分の発言をどう感じるかは、相手に任せるしかないと開き直ることもできます。

「相性」次第で問題に

また、相手への好意の度合いなどによっても、そういう誤解は起こります。

ある人が自分に好意を持ってくれていたとしても、その好意もまた相手の「偏り」から出ています。「気が合う」とか「好意を持つ」というのは、お互いの偏り具合が近いということなのかもしれません。

では、自分と偏り具合が近いかどうかわからない人、親しくない人などにはどうしたらいいでしょうか。

相手のことがある程度わかるまで、マニュアル的な用語や無難な言葉で対応することを心掛けるのがいいでしょう。

好かれる、嫌われるは非常に微妙で繊細な問題ですから、発達障害やＨＳＰのように人間関係が苦手な人は、あえて深入りしないことが有効な手だと私は考えます。

「ここ」に気づいた人からラクになっている

現代はスピード社会であり、「早くできる」ことに価値を置いている時代です。「早くして」「急ぎで」「ぐずぐずしないで」……こんな言葉が社会だけでなく、家庭でも飛び交っています。

自分が出したメールにすぐに返事がないと不安になる。ネットでページが開くのに時間がかかったり、注文した料理がなかなか出てこないとイライラする。

子どもの成長に関して、「○歳なのにこれができたなんて、すごい！」と喜んだり、逆に「○歳なのにまだこれができない」と不安になったりする親も多い。

しかし一方で、「スローライフ」といった、急がずゆったり生きることを豊かさの指標として捉える人も増えています。落ち着いて、ゆっくり行動することがステイタスともなっているのです。

そう、多くの賢明な人たちは気づきはじめています。

ゆっくり丁寧にやるほうが、結局は本当に自分の身に付く、あとで役に立つと。

やりたいことがあって、それを成し遂げたいなら、ゆっくり丁寧に。

人からの好意や信頼も同じです。

職場の人間関係においても、周りの人にゆっくりと時間をかけてあなたという人を理解してもらえばいいのです。まずは、何人かの人が自分へ好意や信頼を抱いてくれるようになればいい。そうなれば、あなたの仕事の能力がどうであろうと、それ以上に貴重な能力や、大事なものをあなたは持っていると、認めてくれる人が芋づる式に増えていきます。

ＨＳＰや発達障害の人には、「あの人はこれをやる能力はあるけど、あの言い方はないよね」とか「もう少し周りの人に気を遣ってもらいたいよね」と囁かれ、敬遠されてきた人が多いと思います。

私自身もかつてはそうだったと思います。しかし、時間はかかりましたが、私という人間を理解してくれる人が少しずつ増えてきたのを感じるようになりました。最近では仕事も順調で、長年教えてきた浜松医大の教え子と共同研究をしています。彼らは私の言動を善意に判断してくれますから、何を言っても大丈夫という感じです。

相手に嫌な印象を与えるような発言をしてしまうことは今でもありますが、「この先生がそんなことを思うはずがない」と解釈してくれるのです。周りの人に自分をわかってもらえれば、多少の言葉遣いや表向きの態度は割り引いてくれるということです。

理解してくれる人を作るコツ

あなたという人間を理解してくれる人を作るためには、相手任せではなく、自分はこういう傾向があると、事あるごとに説明しておく努力も必要です。

「あの人は、こんな人。悪意があるわけではない」と認識してもらえるよう、自分の傾向やクセを機会あるごとに説明していきましょう。

そうすれば、「ああいう素っ気ないしゃべり方をするけど、本当は繊細で優しい人なんだよね」とか、「周りに気を遣わないのは、そんな理由からなんだね」と、評価は変わっていくものです。


それでも理解や好意を示さない人もいるでしょう。しかし、ＨＳＰや発達障害の人に限らず、万人に好かれる人など一人もいません。自分から歩みよっても理解を示してくれない相手は、あなたの人生には関係のない人だと割り切ればいいのです。

「悪意を持たない」という素晴らしい気質の人もいる

先の話とつながりますが、万が一相手を傷つけるような発言をしてしまっても、そこに悪意がなければ、必ずわかってもらえると信じましょう。

そもそもＨＳＰの人にしても発達障害の人にしても、そもそも「人を傷つける悪意」など持てない人のほうが多いのです。

ひと言でいえば純粋。ピュアな人が多いのです。

そのピュアさがある限り、たまたま相手に嫌な思いをさせるような発言や行動をしてしまっても、「あの人は、ああいうことを言う人だけど、悪気はない」と、いつかわかってもらえます。

悪意を持たないという特徴に加えて、ＨＳＰや発達障害の人には、相手からされた嫌なこともすぐに忘れる人が一定数います。

普通の人の中に、「私、嫌なことは忘れる特技があるの」と自慢する人がいますが、ＨＳＰや発達障害の中の、ある一定数の人たちは、そんな特技を使わなくてもすぐに忘れてしまうので、相手への感情のわだかまり、恨みといった感情を持てないのです。

悪意を持たず、ニュートラルな感情のままに生きていけるタイプの人たちは、周りの人の言動に右往左往してきたＨＳＰ傾向のある私から見れば、「悟りの境地」を得ている、生まれながらに素晴らしいギフトを与えられた、祝福された人のように思えてなりません。

ブッダは、「苦を恐れるもの悪をなすなかれ。悪をなすものは必ず苦しむ」と言っています。

円覚寺の元管長の古川尭道老師は、「若いときに不陰徳（人を貶めようとしたりすること）をした人の晩年は必ず悪い」と言っています。

私もこれを信じていて、他人の不幸を望んだり、他人の足を引っ張ったりしないようにしています。ですから前述したように、ときに相手を傷つける発言をしてしまいますが、決して悪意はありません。私にはそういう偏りがあることを、できるだけ人にわかってもらうようにしてきたせいか、最近は、向こうが善意に受け取ってくれるようになったのです。

時代が変わると、もてはやされる性格の価値も変わる

話は飛びますが、長く続いた戦国時代が終わり、新しく始まった江戸時代には、それまで戦うことにアイデンティティを託していた武士たちは、その存在意義を失いました。

その反面、存在感を増し、台頭してきたのは「強さ」より「書」や「文藝」「和算」といった方面に活路を見出した人たちでした。

それと似たようなパラダイムシフトが、今起きています。

かつては、HSPの人たちの「敏感さ」の向かう先は、動物や天敵に対してでしたが、今、その対象が変わってきているのです。そのため混乱や心身の不調が起き

ているのでしょう。

では、その敏感さは、どこへ向かっているのか?

動物や天敵ではなく、同じ人間です。

しかし、相手も同じ人間であるため、相手から逃げることがなかなか困難で、苦しい状況が生まれています。「人に振り回される」というのは、こういう状態をいうのだと思います。

日本には「同調圧力」といって異質なものを排除しようとする傾向があります。島国で農業社会という要素に加えて、明治以来国民が一体となって、つまり均一性を高めることで先進国の仲間入りを果たしてきたことも、国や地域の共同体意識が強いことの素地になっていると思います。

しかし今や世はグローバル社会。異質なものと協調し、協力を仰がないことにはサバイバルできません。

問題は、こうした社会の流れに現在の学校教育が追いついていないことです。学校ではいまだに、同調圧力が蔓延しています。その圧力のなかで育った子どもが社会に出たとたん、今度はいきなり「個性が大事」と言われます。この戸惑いやストレスが社会の不安定化に拍車をかけているように思います。

情報は増殖する一方であり、気の散っていない人を見つけるほうが難しい世の中です。あれがいいと言われればあっちに流れ、これがいいと知ればこっちに流れる。それに振り回されるHSP気質の人が増えるのも、当然のなりゆきでしょう。

しかし、今こうして持て余している敏感さは、決して欠点などではなく、人類が生き延びるために欠かせない気質であることは、歴史的な流れから眺めてみれば、明らかです。

そんな自らの気質や傾向をかけがえのない個性と受け入れ、新たな方向を見据え、さまざまな分野で活躍する人は増えています。

敏感さは時代を切り拓く個性だと知ることで勇気づけられ、その傾向を伸ばそうとしている人たちさえ現れています。

そして「繊細さ」や「弱さ」は、今や芸術や表現の世界では必要不可欠な要素になっています。映画で言えば、『アナと雪の女王』しかり、『天気の子』しかり……。

例は枚挙に暇がありませんね。

だから「繊細さ」は、今こそ武器になる

日本では「家父長制」という制度が長く続き、男は強くあらねばという考えに支配されてきました。

「男は泣くな」「男だろ」というような言葉が日常的に使われ、性格の弱さは男の致命的な欠点として捉えられてきました。今でもその傾向はあります。そのため、発達障害のなかの、「ジャイアン型」は、自らをそれほど困った存在だと考えていません。

周りも、そのやんちゃぶりを諌《いさ》めつつも、容認している感じがします。アメリカ映画界でも、「タフであること」は、スターの大事な要素になってきました。

しかし、この流れも徐々に変わりつつあります。

明治、大正時代や昭和初期の売れっ子作家のなかで、今もなお読まれている作家

は非常に少ないのですが、そのなかで、夏目漱石とともに人気なのは太宰治です。彼らは自らの弱さ、繊細さを抉《えぐ》り出すことで多くの人の共感を得ています。そしてその潮流は今後ますます強くなっていくでしょう。**これまで重視されていた「タフさ」は、だんだん意味を失ってきているのです。**

ですから、「弱さ」や「敏感さ」の気質をネガティブに捉えず、それが現実的に生んでいるプラスの面に注目しましょう。

多様性を重視するアメリカ社会では、すでにHSPや発達障害を「個性」としてとらえ、彼らの才能や特徴に合わせた教育や活動の場が用意されています。

偉大な作家、カフカの教え

20世紀でもっとも偉大な作家の一人と言われているカフカ。

HSPであったと思われる彼はこう記しています。

「ぼくは人生に必要なものを何ひとつ携えてこなかった。あるのはただ、一般的な

人間的弱さだけ。弱さ—それは見方によっては巨大な力なのだが〜」（フランツ・カフカ『八つ折り判ノート』）

弱さがないと気づけないことは多い。

弱さこそ、カフカのパワーの源だったのです。

人を前に進ませるのは、強さやポジティブな思考だけではありません。**ネガティブ、弱さからも力を引き出せることをカフカは教えてくれています。**

彼は自らの弱さを本当は誇っていたのです。「苦しみ」は、世間に向けてのポーズだったのではないかと思えるほどです。

映画『レナードの朝』の原作者として知られるオリヴァー・サックスは、著書『火星の人類学者』の中で障害を持った人を紹介しており、「自閉スペクトラム症」と診断された女性動物学者はこう言っています。

「もし、ぱちりと指をならすことで自閉症が消えるとしても私はそうはしないでしょう。なぜなら、そうしたら私が私でなくなってしまうからです。自閉症は私の一

部なのです」

また、その自閉スペクトラム症の女性動物学者は、自らの傾向を「症状」というより、大きな「才能」ととらえ、

「その傾向のある人は、より創造的であり、天才であるとまで言えるだろう。――仮に科学がその遺伝子を取り除いてしまえば、世界は会計士に乗っ取られてしまうだろう」

とも述べています。

ここで言う「会計士」とは、すべてを金銭、数字に換算してしまう資本主義社会の象徴という意味です。

すべてを数字に変えてしまいがちな世の中ですが、その枠にはまらない才能こそが、今どれだけ必要とされているかを予想した言葉とも言えるのではないでしょうか。

4章　まとめ

★今の世界を色どり豊かなものにしてくれたのは、HSPや発達障害の人たち。

★自分の短所より長所に目を向けてみよう。

★HSPや発達障害の人は増えている。

★時代が変わると性格や傾向の持つ価値観も変わる。

★「弱さ」や「繊細さ」は、昔も今も大切な武器である。

5章

「今の私のまま」でうまく生きる

――その能力を生かす働き方

宝石を輝かせるために！　まずこれをして

これまで紹介してきたように、発達障害の人やＨＳＰの人は、特殊な才能を持っている人が多くいます。

しかし、困ったことや苦しいことに多大なエネルギーを消費してしまうため、その才能が気づかれず、埋もれたままになってしまうこともよくあります。ゴミに埋もれて見ることのできない宝石みたいなものです。

まずはゴミを捨てましょう。

そのためには、自分にとって何がゴミで何が宝であるかを知る必要があります。

一見、ゴミと見紛《みまご》う「困った」のなかに宝が潜んでいるケースもあります。

欠点と見える傾向も、見方や角度を変えてみると、長所になるからです。

ここで大切なのは、あくまでも「自分にとって」ということです。「世間から見れば」といった「他人目線」の評価ではありません。「常識」で判断する必要はないということです。

今あなたが「困った」と思っている自分のクセや傾向。それを「困った」と思っているのは、おそらく、それが周りの人や世間の人にとって迷惑だとか、よくないことだと思われるに違いないと考えているからでしょう。

ほとんどの場合、「困った」のはあなたではなく、あなたが思い描く周囲の他人です。

そういう「常識フィルター」「他人フィルター」をはずしてみたときに、あなたが「困った」クセや傾向だと思い込んでいるものが、実は宝であったということに気づくことがあるはずです。

それではまず、自分のクセや傾向を理解しましょう。

先にもふれましたが、これを「自己認知」と言います。

2章で挙げたクセや傾向を参考にしながら、自分にはどんな「困った」があるのかを理解していきます。

必要なら、それのクセや傾向を3章の対処法でコントロールしていきましょう。

この一連の流れ――「クセや傾向を知りコントロールできる」をいったん身に付けると、それはどんな場合にも応用できる強力な道具、武器になります。

習慣づけは長い目で見れば、豊かな実りをもたらします。

では、ある種のクセ、傾向、偏りを持った人はどんな職業に適しているのでしょうか。

ＨＳＰと発達障害の両傾向ある私の進路の決め方

私自身がＨＳＰ、発達障害の両方の可能性があること、そしてその二次障害として長い間うつ病に苦しめられたことは述べました。

そんな私が年を取った現在でも元気に生きていられるのは、私が医師という職業、しかも臨床ではなく研究のほうに就いたことが大きいと思います。

というのは、研究医には、「科学的な客観性」「冷静な判断力」といったものが必要だからです。どのような現場であっても冷静に、一見冷たいように思われても距離をおいて判断する能力は医師に不可欠な要素です。

HSP気質を持つ私は相手に感情移入しやすいので、もし臨床医になっていたら、動揺している患者さんに振り回された可能性が大いにあったと思います。いちいち自分まで動揺したり悲嘆したりしていては医師は務まりませんから、臨床医ではなく研究のほうに進んだことが正解だったと思えるのです。

このように考えてみると、私は自分の敏感気質から、無意識のうちに自分が住みよい方向に向かっていたように思います。

しかし、今の時代は私のように幸運に頼ることなく、より科学的な視点で自分の適性を探ることができます。

適職を発見するために！　過去の自分を分析

自分の適性を知らないままにやみくもに仕事に就くと、あとあと嫌な思いをしたり、「こんなはずではなかった」と後悔したりすることになります。

HSPや発達障害に限らず、すべての人にとって、自分を知ることは非常に大切です。これは何度繰り返しても言い過ぎということはありません。

よりステイタスが高いとされている職業や会社に就けば、「スゴイ！」と称えられ、自己満足につながるのは今も昔も同じです。ゆえに、アスペルガー（ASD）の人は特に能力が高く、集中力もあるので、よりステイタスの高いほうをチョイスすることになりがちです。

しかし、高校、大学、企業といった進路を選ぶ際に、**自分の興味や関心の有無を基準にせず、より偏差値の高い学校、より給料の高い会社を選んだことで、のちのちストレスを感じることになる**人は多くいます。どんな部署に配属されてもそつなく力を発揮できる人（いわゆる普通の人のなかでも少ない）はいいのですが、得意・不得意の能力差が大きいと、最初の配属先で躓《つまづ》き、それが傷となって残るケースもあります。

特に大企業では、最初は事務的な雑務、あるいは営業を経験させ、それを乗り越えたら初めて希望の職種や職場に配属するというシステムになっているからです。また、最初から希望を申請できる場合であっても、自分の得意・不得意を理解していなければ、希望することもできません。

では、自分の得意・不得意を探るにはどうすればいいでしょうか。

まず、アルバイト経験がある人は、そのなかでどんな職種のどんな作業が得意、あるいは不得意だったかを思い出してみます。

接客は苦手、騒音のなかで頭が痛くなった、同時にやることが多く頭が混乱した、上司から叱られてパニックになった……それはどんなときだったか。

嫌な過去を思い出すと混乱し、気分が悪くなる場合は、逆に褒められたことや楽しかったことを中心に思い出してみましょう。

小さい子どもと遊んで楽しかった。静かな音楽のなかで作業がはかどった……できれば、作業内容を具体的に分析します。

人についても、Aさんは平気だったが、Bさんは苦手と感じた。Aさんは静かに落ち着いてよくわかるように説明してくれたが、Bさんは高圧的で怖かった、というふうに。

自分を客観的に把握することが苦手な人や、長期的なビジョンを描くことが苦手な人もいるでしょうが、この本を読んでくれているのは、そんな自分をなんとかしたい、しなければと感じているからでしょう。自身の得意・不得意を考えることが苦手な人も、好きなこと、嫌いなことはわかるはずです。そこからやってみましょう。

それぞれ症状が違うので、こうすればいいという一般的な答えより、自分だけの特別レシピを作りましょう。

やり始める前は大変な作業に思えても、一度これをやっておくと自分を知ることで自分軸ができるので、毎日の行動のなかで、おやっと感じたことが確認、修正でき、行動や思考が混乱しにくくなります。

やり始めると、これは案外面白いものですよ。

欠点を直すか？　長所を伸ばすか？

私たちは自分の欠点を気にします。それはその欠点をどうにか直して、普通の人と同じように生きたいと思うからでしょう。

欠点があるから他人とうまくいかず、軽蔑される。欠点を直せば普通の人と同じように人々も自分と付き合ってくれるだろうなどと考えるからでしょう。

私も欠点の塊のような人間であり、友達もほとんどいなかったので、孤独な夜には、明るくて、運動が万能で皆に好かれているような友人を羨んだものです。

けれど、ある高校の先生が言っていました。「武道をやって欠点を克服しようとする人がいるけれど、それだけで3年経ってしまう。それより長所を伸ばすようにすれば、短所は消えてしまうのだ」と。

私の孫の一人は非常に活発で、ひとときもじっとしていない性格でした。明るくて、誰とでも仲良くできる性格だったので、親も誇りにしていて、家族のリーダーのような存在でした。

彼は潔癖で、正義感の強い性格だったので、いじめられている友達がいると、自分より体の大きい子にも果敢に向かっていきました。

そんな彼でしたが、学校でＡＤＨＤの可能性があると診断され、精神科の医師の診察を受けることになりました。それをやめさせたことは前述しましたが、自分は異常かもしれないと思い込んだ彼は次第に自信を失っていき、平凡な少年になってしまったのです。

HSPの人に向いている職業

敏感なHSP気質の人は、音や、匂いを感じる五感がとても発達しています。人の気持ちに人一倍気づきやすいので、その特性を生かして音楽家、画家、作家といったアートの世界で名をなした人はたくさんいます。また、ミラーニューロンの発達により、モノマネがうまいので俳優などにも適性がある人は多いでしょう。

人を真似することがうまいので、自分が「こうなりたい人」という憧れの人を見つけ、その人の考えや行動などを真似することで、そういう人に近づくことは普通の人より得意なはずです。

敏感な人に向いていると思われる職業には、たとえば次のようなものがあります。

芸術関係……俳優、声優、音楽家、画家、作家。
研究職……大学や独立法人など自分のペースで仕事を進められる環境がベスト。

占い師……スピリチュアルな特性が生かせて、自分のペースで仕事ができる。
美容師（美容関係）……手先が器用で細かい違いがわかる、相手の気持ちがわかる。
マッサージ関係……手先が器用で相手の体の状態や気持ちがよくわかる。
歯科技工士・歯科衛生士……手先が器用なので緻密な作業ができる。
翻訳者……言葉使いの些細な違いがわかる。
調理師……繊細な味覚を生かす。

会社に就職する場合は、広報や企画室などアートの要素が入っている部署はもちろん、数字に強い人なら経理や財務などの職場も適しています。

会社選びで大切なことは、その企業の持つ文化、社風です。毎朝朝礼で社訓を皆で唱える、上司の言葉は絶対といった体育会系的、マッチョ的文化を持つ企業は避けたほうが無難です。

事前にどんな風土の会社なのかを社員に聞くとか、会社の評判がわかるネットの投稿サイトなどで調べるなどしてみましょう。

欠点が自己PRに変わる言い換え法

どんな人にも言えることですが、欠点は場合や状況によって長所になります。長所を裏返すと欠点になり、欠点を裏返すと長所に変わることもある。

HSPと発達障害の人にありがちな欠点を長所に変換してみました。

落ち込みそうになったときは、繰り返しこれを見て、自分に「これは長所だ」と言い聞かせてください。必ず、「その通りだった！」と納得する日が近い将来やってくるでしょう。

■HSP

気が弱い、シャイ→**繊細さがある、相手を安心させる**

人に振り回される→**人の気持ちがよくわかる。感受性が強い**

人見知りする→**用心深い、慎重さがある**

■発達障害

多動性→**エネルギッシュ、好奇心・探究心が旺盛、超行動力がある**

衝動性が強い→**反応が早い、リアクションがいい、打てば響く**

過集中→**好きなこと、得意なことには人並はずれたすごい集中力を発揮できるゆえに、人一倍、詳しくなったり、卓越したスキルを身に着けられたりする**

社会性の無視→**新しいことを発見する才能がイノベーションを起こす、斬新なアイデアを生み出す**

人の言葉が耳に入らない→**自分独自の価値観を持っている。独創性がある、他人の評価を気にしないで我が道をいける**

気分変調が強い→**感受性が豊か、気持ちの切り替えがスピーディー**

空気が読めない→**マイペースでことを進められる**

文字情報に弱い→**視覚情報に強い**

発達障害・グレーゾーンに向いている職業

発達障害の症状は人それぞれです。また好き嫌いもさまざまです。自分が得意で、なおかつ好きな分野を根気よく探していきましょう。

視覚面が優れる人に向いている職業

映像関係、デザイナー、建築デザイナー、漫画家、アニメーター、画家、イラストレーター、動画編集者。

聴覚面が優れる人に向いている職業

音楽家、音楽プロデューサー、作曲家、アレンジャー、シンガーソングライター、演奏家、歌手など。

強いこだわりと集中力がある人に向いている職業

発達障害のこの特性は、ときにすごい力を発揮します。しかしすべての分野で突出するほどの天才は稀なので、自分の「好きだ、得意だ」と思えるジャンルを探していきましょう。

研究職、学者、翻訳者、ジャーナリスト、プロデューサー、ライター、校正者、プログラマー、弁護士、公認会計士、薬剤師、コピーライター、映像分析、ゲームデバッカーなどのうち「好きだ、得意だ」というものに注目してみましょう。

教師も向いていますが、小学校は複数の分野を掛け持ちすることを求められるので、中高、大学の専門職、あるいは予備校、塾などで得意なジャンルだけを教える道を選ぶのが賢明です。

■機械やモノに興味を覚える人に向いている職業

自動車の整備工、電気技師、ロボット工学など工学系の技師、検査技師、薬剤師など技術系の専門職。あるいは好きならば囲碁・将棋の棋士なども向いているでしょう。

できれば避けたい仕事

発達障害の人は避けたほうが無難な職業もあります。挙げてみましょう。

■人との交渉や対人関係が重要な仕事

営業……ただし、新奇追及型のなかには自分のアイデアを提案するのが好きな人や新規開拓に面白さを感じる人もいるので、一概に向いていないとは言えません。

接客やカスタマーサービス、クレーム処理……「空気を読めない」タイプの人は避けましょう。

■時間の観念が重要な仕事

バス、鉄道などの交通関係、運輸関係、旅行会社など。

■同時に複数のタスクを行う必要のある仕事

調理師などの飲食関係、テレビ、新聞、出版などのマスコミ関係。これらはタイムマネジメント力、人間関係調整力も必要です。

■突発的な事態に対し、臨機応変な速攻処理を求められる仕事

マスコミ関係、警察関係、顧客窓口、救急関係など。

一人でできる仕事が理想だけど、これは必要

「相手の空気が読めない（発達障害）」、あるいは「空気を読みすぎて苦しくなる（HSP）」の人には、できるだけ一人で仕事を完結できる職につくことを勧めています。

たとえば音楽です。作詞・作曲家、演奏家、歌手にしても、個性的であろうが変わり者であろうが、良い曲が作れ、美しい声で歌えれば全然問題はありません。画家や漫画家、作家、デザイナーなども個の才能さえあれば、基本的に一人でできる仕事と言っていいでしょう。

しかし、上手な絵を描く人が多くなるほど、それが群を抜いていなくては認められません。

でも、残念ながら、そこまでの才能を持っている人は多くはいません。**結果的に、ある程度の才能があっても、他の人の能力を借りたり、コラボしたりという中で生きていかざるをえない**のが現実です。

私もご多分に漏れず、そのような能力不足に悩んできました。とても変わり者ではあったのですが、携わってきた医学の分野で抜群の才能はなかったのです。

そうでなくても医学の研究者というのは、独力でできることは限られているので人間関係が重要です。けれど私の場合、人間関係は良好とは言えず、人から誹《そし》られたり、人が心のなかでしている私への非難を、実際に耳にしたように感じたりしました（相手の心を読みすぎるので、そう言っているように聞こえてしまう人がHSPの中には多いと思います）。

今の時代、医者はクライアントやその家族、看護師たちとの連携がより大切になり、薬剤師や患者さんへのこまやかな対応が必要になっています。独立して開業する場合には、交渉力、接客力、顧客の希望に耳を傾ける能力なども必要になってきます。協力者は必要なのです。

同じような環境や状況が一生続くことのほうが、稀になっているのが現代社会です。そこで、他人の能力との組み合わせや、協力を得たうえで才能を発揮させる必要があるとなると、どうしたら変わり者が周囲の人に受け入れられるようになるかを考えざるをえません。この問題に、私も本当に悩んできました。

「人間関係は苦手」を克服する法

昨今では、どんな分野でもコミュニケーション能力が求められています。

HSPに多く見られるように、個性的で周囲との協調性がないと言われている人たちも、苦手な人間関係を克服することはできるのでしょうか?

私の場合、それを克服するために最初に知ったのは禅の力です。

幕末の剣豪にして書でも有名な山岡鉄舟は、明治天皇の侍従を務め、天皇の行幸には常について行って警護したほどの人です。

鉄舟はものすごい変わり者で、剣に夢中になり、金銭には頓着《とんじやく》しなかったようです。いつもボロを着ていたので、「下駄はびっこで着物はぼろで心錦の山岡鉄舟」と言われたほどです。

幕末の混乱の中、鉄舟は自身の義弟で徳川慶喜の守護をしていた高橋泥舟の勧めで慶喜に会います。慶喜が天皇に恭順の意を示すのを見て、なんとか官軍と和平を結び、江戸城の無血開城をしたいと思っていました。

そのために、当時駿府（静岡）にいた西郷隆盛と直談判をしようとしました。

その許可をもらうために、当時は幕府側の軍事総裁だった勝海舟に会ったのですが、勝はそのときの鉄舟を「噂に聞くよりも、もっと変な男だと思った」と述懐しています。

それはともかく、鉄舟の弟子に小倉鉄樹という人がいます。画家の小倉遊亀さんのご主人です。

彼は、**「鉄舟が道場に出てくると、みなものすごく元気になってしまった。また客が来ると夜の2時、3時まで帰らない。鉄舟がいると苦も楽もなくなり、非常に**

気持ちがよくなり、帰るのを忘れてしまうのだ」と書いています。

また、鉄舟に会うと、**彼の懐にでも飛び込みたくなるような気持ちになった、**とも書いています。

私は、〝変わり者であっても、人に元気を与えることができる鉄舟〟に大変憧れ、なんとかそのような雰囲気を持つ人物になりたいと坐禅に精を出しました。

禅においては、私たちの心はあくまでも清らかで永遠に続くものである。その清らかな心の光を覆い隠すのが煩悩《ぼんのう》の雲だとします。

天龍寺の開祖の夢窓国師《むそうこくし》（夢窓疎石《そせき》）は「雲晴れて　のちの光と思うなよ　もとより空に　有明の月」と歌っています。有明と「有る」をかけています。雲が晴れて月が出たと思ってはいけない、**もともと雲の向こうに月の光はあったのだ、**という意味です。

ですから、**自分は人とのコミュニケーションが苦手だと思うことは、心に煩悩の雲がかかっている状態**と同じです。これを少しでも取り払うのに、坐禅やマインドフルネスは効果があると思います。

一人でもできますし、個性的、変わり者でもできます。信じるか信じないかですが、ぜひ試されたらいかがでしょうか。

増える「グレーゾーン」の人たちが意味す[illegible]こと

1940年代にオーストリアの小児科医、ハンス・アスペルガ[illegible]症について発表した当時、今で言う発達障害は「改善の余地のない絶望的な[illegible]れていました。

しかしその一方で、アスペルガー医師は、どこかに優れた面、補償的な面があるのではないかとも考えていました。「きわめて独特な思考や経験は、いつか素晴らしい業績につながるかもしれない」と希望的な予想もしていました。

彼のそんな「予想、予言」は確かに的を射ており、発達障害の研究が進むにつれて、アインシュタインやベートーベンなど、天才の多くは発達障害であったことが次々とわかってきました。

現代社会では「頭がいい」とは、「情報処理能力が高い、そして速いこと」とされています。**東大生や医者、弁護士などにアスペルガーが多い**のも、その2つの面で秀でた能力を発揮する人が多いからです。

そして、ますます高度な医療技術や知識が求められる現代、それに呼応するかのように、強力な集中力や、他人の意見に左右されず、自身の判断を貫く強さ、興味のあることに驚異的な知識欲を発揮するといった能力を持つアスペルガーの人が増えているという事実があります。

また、アニメや映像関係など、今、人気の仕事には、「高い視覚能力」や「繊細な色彩感覚」が求められていますし、IT業界では「新奇追及気質」が求められ、音楽関係でも音への「敏感性」が従来以上に求められています。

つまり、**視覚、アイデア、聴覚にも新しい能力が必要な時代**が訪れています。そしてこちらもまた、**それに呼応するかのようにＨＳＰの人が増えている**という不思議があります。

ＨＳＰと発達障害の、両方の特徴を併せ持つ人も増えています。

そして、グレーゾーンとされる、医者が診断する際のチェックリストとは必ずしも一致しない人たちも増えています。診断されるほどではない程度の個人的な性格の傾向です（診断名が付かないことで、逆にどうすればいいのかと混乱し、悩み、その結果うつ病になってしまう人もいます）。

彼らにもまた、アスペルガーやＨＳＰの方々のように、**彼らだからこそ成し遂げられる新しい役割があるのではないでしょうか。**

現に、彼らは、**緊張を強いられる分野で成功を収める可能性が高い**と言われています。彼らの持つ多動性、型にとらわれない考え方、リスクを厭わない、ある意味、非常識な特性が、これまでのタイプの人類には出せない貴重な成果に結びつくのです。

5章　まとめ

- ＨＳＰや発達障害の傾向がある人は、適性を活かせる職業選びが重要。
- 自分の「得意・不得意」を把握し、欠点を直すのではなく、せっかくの長所を伸ばすように心がけよう。
- ＨＳＰは、アートの才能に恵まれている場合が多い。
- コミュニケーション力が重視される現代では、「人間関係は苦手」とばかり言っていられない。
- 人間関係への苦手意識は、思い込みや幻想である。その思い込みや幻想を晴らし、人間関係を少しでもよくしたい人に、「坐禅」や「マインドフルネス」を勧めたい。

6章

さあ、大空に羽ばたこう！

――HSP・発達障害・うつ・グレーゾーンのためのリラックス法

勤め先のお店では
めまぐるしい情報量に
溺れる感覚に陥る
人
音
声
色

「苦しい」のサインが出たら、即実行！

あなたの周りを見回してみてください。

頭脳明晰で、落ち着きがあり、何事にも前向き。人の気持ちを理解してくれて、毎日元気にやるべきことを時間内にやり、嫌なことは率先してやってくれる……そんな完全にバランスの取れたすごい人なんて、まずいませんよね。


多くの人が心身の不調に悩み、苦しんでいることと思います。

HSPや発達障害の人に限りません。グレーゾーンにいる人、発達障害とHSPの両方を兼ねそなえた人、うつ病などの二次障害に苦しんでいる人もいます。

HSPや発達障害は、子どもの頃からその傾向がありますが、うつ病はある日突然、どんな人にもやってくる可能性があります。

「現代は、人格障害の時代」と警告を鳴らす人もいるほどです。

本章では、悩みとストレスを抱えながら生きる人たちのための、心理的な対処法、そして予防法を紹介していきます。

疲れたなと感じたとき、パニックに陥りそうになったとき、最近イライラするなど、「おかしい」「苦しい」と感じたときにすぐに実行してほしい方法ですが、そのためには、日頃から自分の体調に敏感であることが大切です。

朝目覚めたとき、昼休み、帰宅の途中、家に帰ってから、そして眠る前に、自分の身体にほんの少しでいいので、注意を払ってみましょう。

心の不調は、必ず身体に伝わります。逆に、身体の不調は心に伝わっていきます。

心と体、双方があなたをスムーズに動かすための両輪です。

まずは心身を緩めるリラックス法から始めてみましょう。

あえて「ぼんやりする効果」のすごさ

仕事や家事の合間には、意識的にぼんやりすることをおすすめします。

ＨＳＰや発達障害の人は、頭のなかに次々とやること、やらなければいけないことが浮かんできますから、「ぼんやりする」ことが難しい人が多いでしょう。

やることはたくさんある、でも何もしないで、ぼんやりする。

ぼんやりすることを自らの意志でやるのです。


最近の研究で、**「ぼんやりすること」にすごい効果がある**ことがわかってきました。

「デフォルト・モード・ネットワーク」といって、雲や樹木、水などをボーッと見ているだけで、脳のある部分が活発に働きます。

ちなみに、脳にいろんな考えや感情が浮かぶ人には、優秀なアイデアマンが多いのです。こういう人は脳がリラックスすると、浮かんでは消えるアイデアの泡みたいなものが輪郭を現し、ある形になってくるのです。

脳内の情報や感情のがらくたが、ぼんやりしている間に適切な場所に収められ、整理されていく、そんなイメージです。

「デフォルト」とは、初期設定のこと。そして、ぼんやりすることの最大の効果とは、自分がもともと持っている感情、つまりデフォルトの感情を取り戻せることです。ぼんやりすることで、他人から影響を受けて散らかってしまった自分の心を、本来の安定した「自分軸」に戻れるのです。

「人から影響を受けやすい」ＨＳＰやうつ傾向の人は、ぜひ「ぼんやり」してください。

私も最初は少し抵抗がありましたが、「ぼんやりすると気分が楽になる」と言い聞かせ、食後や仕事が一段落したあと、意識的にぼんやりと窓の外の景色を眺めています。今では外に出て公園のベンチに座り、ぼんやり雲を眺め、樹木の緑を楽しんでいると、ある種の快感を感じるほどになりました。

驚いてパニックに襲われたときの対処法

大声で怒鳴られる、一方的にまくしたてられる、非難される。こうしたことがあると、ＨＳＰや発達障害の人はびっくりしてパニックに陥りがちです。

身近な人には、おだやかな口調で話してもらうよう、普段から頼んでおきましょう。

また、怒鳴る人、一方的に相手を責める人もまた、ジャイアン型・いじめ型の「傾向」や「障害」を持っている可能性がありますから、「この人も自分と同じアンバランスな人なんだ」と思えば、非難や叱責を、距離を置いて客観的に受け止めることができ、ショックを軽減できるかもしれません。

また、職場では一人になれる静かな場所を決めておくといいでしょう。

パニックになって気持ちを落ち着かせたいとき、屋上、トイレ、食堂の隅などに逃げ込むことは有効です。積極的に場所を変える、環境を変える、空気を変えるといったことをしてみてください。

■呼吸法

簡単にできるのは、「呼吸法」です。

コツは、吐く息を長くして、合間に吸います。

人は驚いたときには、呼吸を止めるか息を吸います。息を吸い過ぎると過呼吸で余計に苦しくなります。

驚いたときやパニックに陥ったときには、まず「吐く」ことを意識してください。息を吐くこと。吐ききれば、吸うほうは意識しなくても、肺に必要なだけの酸素が入ってきます。

さらに私の経験上有効だったのは、お経などを唱えることです。

お経は呼吸法の一種だという人がいます。長い経文をひたすら読み上げることは、確かに「吐く」をメインにした呼吸法に通じています。特に信心していなくても、試しに唱えてみてください。

信じている宗教があれば、その祈りを唱えるのもいいでしょう。

歌を歌う、愛読書を音読するなど、長く声を出すことは、心身にとってとても有益です。

■写経

私は、「開経偈」「懺悔文」「四弘誓願文」「延命十句観音経」、そして「般若心経」を毎日書いています。写経は仏の教えを見ることだと思っています。

書いても別に意味がないだろうと思っている方もおられると思いますが、写経の功徳も計り知れないものがあると私は思っています。

もしあなたが人と違いすぎることで批判され、苦しんでいるなら、ぜひお経を唱えたり、書いたりしてみてください。そこに理由などなく、仏の力はかならず苦しみを除いてくれるでしょう。

私もやってきましたが、本当に人生が劇的に変化します。このような変化を身をもって実感すると、仏の偉大な力を疑うことはなくなります。

人と異なるせいで、他人から避けられるというのは非常に苦しく、孤独感が伴います。才能があって他人など関係ないと思える人はまだしも、自分の才能に自信のない人は途方にくれ、激しい不安を持ちます。それでも誰も助けてくれません。

このようなときにブッダは、「大丈夫。仏はいつも一緒にいる。その声を聴き、姿を見なさい」と言ってくださっているのです。

声を聴くのが読経で、姿を見るのが写経ということです。

発達障害かも……と思ったら

この本は、あくまでも、他人と異なっている個性的な人たちに向け、このように考え、行動してみたらどうでしょうかと、提案する本です。

しかし、もし、あなたのお子さんが発達障害と言われたり、発達障害かなと疑ったりするような場合にどうすればいいかを、最後に述べておきたいと思います。

今では、発達障害と疑われる段階で、その子どもたちの発達具合や特性にあった支援と教育が必要だと言われています。そのために、発達障害を疑う場合には専門の場所に相談するほうがいいでしょう。

２００４年に「発達障害者支援法」という法律が制定され、行政サービスや支援を受けることができるようになりました。こうした福祉サービスには、育児相談から専門的な相談、支援まで、さまざまな分野があります。

専門機関に相談する際に、お子さんの過去から現在まで、何が起きたかを説明する必要があります。以下を記録しておき、持参しましょう。

①　発達の経過……たとえば、いつ話しはじめたか、どのように話し、コミュニケーションを取っていたか。
②　小中学校、高校の時の様子
③　対人関係……いじめに遭っている（遭った経験がある）。トラブルが多い。
④　親子関係……発達障害の子どもには、親にその傾向を持つ人も多いからです。
⑤　現在の状況……現在困っていることを記録しておく。辛い、困っていることの根底に何があるのかを明確にさせて、その対処法や治療法を見つけるためです。

これらの情報があれば、専門家は発達障害のタイプがわかります。発達障害はいろんな症状が混ざっていることが多いので、自分の子どもはこのタイプとあらかじめ思い込まないようにしましょう。

相談窓口

では、どこに相談したらよいのでしょうか。

■市町村の保健センター……地域保健法という法律によって、市町村に設置されています。高校生や成人に対しての相談も行っています。
■児童相談所……児童福祉法に基づき、都道府県、政令指定都市、中核都市に設置されています。
■子育て支援センター……育児不安の相談などはここで行われています。
■発達障害支援センター……発達障害者支援法に基づく施設で、都道府県、指定都市に設置されています。

次に、発達障害の支援にはどのようなものがあるのでしょうか。また薬を使った治療法などもあるのか、というところが気になると思いますが、発達支援は「療育」と呼ばれる支援と薬物療法があります。

療育とは、お子さんの障害の状態、程度に応じて問題を解決しようと支援することで、将来の社会的自立を目指します。前記の相談先にある支援センターも療育施設の一つです。

薬について

薬物療法とは、どんなものでしょうか。

発達障害でもＡＤＨＤの場合、薬物療法が使われます。

最も有名なのはメチルフェニデート（商品名：コンサータ）で、多動性、衝動性の行動が見られる人に使われます。

脳内のドーパミンやノルアドレナリンといった神経伝達物質の分泌濃度を上昇させる作用があります。覚せい剤と同じ仕組みで脳内で働き、ドーパミンを増やす作用があるため依存性があります。それによりさまざまな事件が起きた過去があり、処方に制限が設けられています。

主な副作用としては、頭痛、吐き気、焦燥感などが挙げられます。

コンサータ以外には抗うつ剤、統合失調症の薬が使われます。

しかし、中枢に作用する薬は副作用も多い上に、効かないことも多いので、特別な場合以外には勧められません。

最近では、自閉スペクトラム症の人に対し、オキシトシンという物質を鼻腔内に投与する研究が盛んに行われています。

オキシトシンは脳内の下垂体から放出され、子宮収縮、乳汁分泌を促進させるホルモンで、人と触れあう際にこのホルモンが放出され、幸福感をもたらすので、「幸せホルモン」「抱擁ホルモン」などと言われ、メディアで広く報道されています。

「サイエンス」という雑誌に報告された、飼い主が犬に触れることでお互いにオキシトシンが出て、幸せな感じを持つという研究結果によって、オキシトシンが注目されるようになりました。そうなると人間関係がうまくいかず、相手との心の触れ合いがないとされる自閉症に、オキシトシンが使えないかと考えるのが当然です。

浜松医大の山末英典教授を中心に自閉症の患者にオキシトシンを投与し、他人と顔を合わせたときに笑顔になる率が高いかなどを調べられました。

現在も研究は進行中ですので、この研究について口をはさむことは控えますが、現在のところ、ある程度の改善はみられても自閉症の症状を決定的に改善したとは言い切れないということのようです。

また、発達障害を疑う場合には、心理検査が勧められています。いろいろな検査法があって検査を実施している機関も数多くありますから、ネットなどで調べてみてください。

私たちは何か問題に直面すると、それが自分にだけ起きていることだと思い込み、途方にくれることがよくあります。

しかし、実際にはHSPでも発達障害でも、同じように悩んでいる人は数多くいます。ですからお互いの悩みを共有し、話し合い、協力し合うことは非常に大切です。最近ではネットでアバターを使ってお互いの意見を交換し、助け合うような空間も作られています。

支援センターなどにはこのようなグループの支援をしているところが多くあるので、ぜひ孤立しないように、同じ悩みの人と悩みを打ち明け、解決策を探るという努力をしていただきたいと思います。

おわりに　誰にでも偏りがある。偏りがあるからこそ、生かされる

多くの人が「生きる苦しみ」「生きづらさ」を抱えています。

しかし、その苦しみの症状は一人ひとり違います。

そのため一人ひとりが「自分の苦しみは誰にも理解されない」と感じることで、より強い辛さを感じているのではないでしょうか。

ある人は「障害」と診断をされて悩み、またある人は「診断されない」ことで「では、なぜこんなに辛いんだ?」と苛立ちを覚えています。

この本は、一つの病名や症状に収まりきらない、だからこそ余計に苦痛を感じるグレーゾーンの人たちの日々を過ごす困難さを思い浮かべながら書きました。

私自身、長年うつ病に悩まされてきましたが、敏感すぎる人たち＝ＨＳＰという概念を知り、ほっとした経験があります。

その安心感はまさに、発想の転換、価値観の広がりによってもたらされたのでした。

「今自分が被っている苦痛は、自分の性格のせいではない」とわかったからです。

今の社会は、「強さ」や「金銭」に価値を置きすぎています。

「強く」「より多くの金銭を得る人」が「勝ち組」と、もてはやされています。

でも、本当に彼らは「もてはやされ」「羨ましがられて」いるのでしょうか。

それは一番人の目に付きやすいネットやテレビなどのメディアの中だけでの、それこそ「架空」のつまらないフィクションなのではないでしょうか。

心ある人たちは、気づきはじめています。

そんな生き方が心を壊し、身体を壊すことを。

それを証明するかのように、ニュースは、そんな「勝ち組」の人たちが、次々と失墜していく話題に溢れています。

彼らを見ていると、あるギリシャ神話を思い出します。

より太陽に近づこうと、高みを目指し、ついにはその羽根が太陽の熱で溶けてしまい墜落するイカロスです。

今この本を手に取ってくれたあなたは、そんな兆候に気づいているのではないでしょうか。

一見「羨ましく見える」あの人も、「タフで恐れを知らないように見える」この人も、実は深い苦しみに溺れそうになっているのではないかと。

どんな人も能力の偏りを抱えています。

でもその偏りのなかの優れた部分を生かして、創造的な人生を過ごしている人もまた大勢います。

逆に偏りがあるからこそ、創造的な部分が生かされることが往々にしてあります。

この本は、「多動」「過集中」「二つのことが同時にできない」「人に振り回されすぎる」あるいは「空気を読めない」――などなど、さまざまな症状に苦しんでいる人々に、解決の糸口を見つけてほしいとの願いから生まれました。

私自身が長年苦しみ抜き、その結果、泥沼から抜け出した方法をできるだけ多く披露したつもりです。

今、あなたが抱える苦しみは「自分が自分であろうとする」ためのプロセスであり、生活の工夫、呼吸法や坐禅といった、ちょっとしたコツや取り組みで乗り切れると信じてください。

やがてあなたや、あなたのような人が、時代をよりよく、より生きやすく変えていくでしょう。その一助になればこれほど嬉しいことはありません。

高田明和

本書は、廣済堂出版より刊行された『ＨＳＰと発達障害 空気が読めない人 空気を読みすぎる人』を、文庫収録にあたり再編集のうえ、改題したものです。

高田明和（たかだ・あきかず）

浜松医科大学名誉教授　医学博士。

1935年、静岡県生まれ。慶應義塾大学医学部卒業、同大学院修了。米国ロズエル・パーク記念研究所、ニューヨーク州立大学助教授、浜松医科大学教授を経て、同大学名誉教授。専門は生理学、血液学、脳科学。また、禅の分野にも造詣が深い。主な著書に『HSPと不安障害「生きているだけで不安」なあなたを救う方法』（廣済堂出版）、『魂をゆさぶる禅の名言』（双葉社）、『責めず、比べず、思い出さず』『敏感すぎて苦しい・HSPがたちまち解決』（ともに三笠書房《知的生きかた文庫》）など多数ある。

知的生きかた文庫

HSP《エイチエスピー》と発達障害《はったつしょうがい》「空気読《くうきよ》みすぎさん」の能力《のうりょく》
「空気読《くうきよ》まないさん」の能力《のうりょく》

著　者　高田《たかだ》明和《あきかず》
発行者　押鐘太陽
発行所　株式会社三笠書房
〒一〇二-〇〇七二　東京都千代田区飯田橋三-三-一
電話〇三-五二二六-五七三四〈営業部〉
〇三-五二二六-五七三一〈編集部〉
https://www.mikasashobo.co.jp
印刷　誠宏印刷
製本　若林製本工場

ISBN978-4-8379-8788-8 C0130